学习马克思主义中国化最新成果

何毅亭　著

人民出版社

责任编辑:陈光耀
封面设计:肖 辉 王欢欢

图书在版编目(CIP)数据

学习马克思主义中国化最新成果/何毅亭 著. —北京:人民出版社,2017.7
ISBN 978-7-01-017935-3

Ⅰ.①学… Ⅱ.①何… Ⅲ.①马克思主义-发展-研究-中国 Ⅳ.①D61

中国版本图书馆 CIP 数据核字(2017)第 156755 号

学习马克思主义中国化最新成果

XUEXI MAKESIZHUYI ZHONGGUOHUA ZUIXIN CHENGGUO

何毅亭 著

人民出版社 出版发行
(100706 北京市东城区隆福寺街 99 号)

北京新华印刷有限公司印刷 新华书店经销

2017 年 7 月第 1 版 2017 年 7 月北京第 1 次印刷
开本:710 毫米×1000 毫米 1/16 印张:17
字数:143 千字

ISBN 978-7-01-017935-3 定价:42.00 元

邮购地址 100706 北京市东城区隆福寺街 99 号
人民东方图书销售中心 电话 (010)65250042 65289539

前　言

本书的 24 篇文章，都是 2013 年 9 月底我到中央党校担任常务副校长以后撰写的，都公开发表过。这些文字，尽管是在不同时间、针对不同具体问题所作的发言或所写的文章，但都紧扣一个主题，那就是：深入学习贯彻习近平总书记系列重要讲话精神和治国理政新理念新思想新战略，向以习近平同志为核心的党中央看齐。

4 年前，人民出版社曾把我学习习近平总书记讲话的 10 篇公开发表过的文章结集出版，书名为《学习习近平总书记重要讲话》。本书名为《学习马克思主义中国化最新成果》，同样都是自己学习习近平总书记系列重要讲话的一些认识和体会，因此可以说是前一本书的续集或姊妹篇。

欢迎读者批评指正。

何毅亭

2017 年 6 月

目　　录

做好学习贯彻习近平总书记系列重要讲话精神深化、带动、转化的文章

（2013 年 11 月 8 日）

省部级干部学习贯彻习近平总书记系列重要讲话精神第一期研讨班，今天就要结业了。我代表举办单位，对这次研讨班作个小结，向大家汇报。

这次研讨班，是在一个重要时候举办的一个重要的省部级干部研讨班。党中央对举办这次研讨班非常重视。刘云山同志在开班时作了重要讲话，为办好研讨班提供了重要指导。大家认真学习刘云山同志重要讲话，一致认为讲话站位高、思想新、内容实。"四个迫切需要"、"八个全面领会"、"五个深刻把握"、"四个方面要求"，鲜明回答了为什么学、学什么、怎么学的问题，是对习近平总书记系列重要讲话精神系统、精准、权威的解读，既是一个精彩的动员报告，又是一个高质量的辅导报告，对于促进全

党学习上深一步、认识上高一筹一定会起到十分重要的作用。大家还认真学习了刘奇葆、赵乐际、杨洁篪等同志的专题报告。一致认为，刘云山同志的讲话是"总论"，其他几位同志的专题报告是"分论"，有分有合，对全面深入理解系列重要讲话精神很解渴、很管用。刘奇葆同志的专题报告，概括归纳了习近平总书记关于宣传思想工作的重要论述，对深入学习领会总书记关于宣传思想工作讲话精神具有重要引领作用，对增强阵地意识和责任意识、旗帜鲜明做好宣传思想工作具有很强的指导性，听后茅塞顿开。赵乐际同志的专题报告，科学总结了十八大之后一年来新一届中央领导集体管党治党的新实践，系统梳理了总书记党的建设讲话精神，深度阐发了总书记党建讲话的核心要义和实践要求，具有很强的思想性、理论性、指导性，听后豁然开朗。杨洁篪同志的专题报告，全面阐述了总书记关于国际战略和外交工作的重要思想，理论与实际相结合、解读与实证相联系，是对总书记外交领域讲话精神的导读。国家发改委负责同志的专题报告，对总书记关于改革开放的重要论述作了系统概括，对十八大以来改革开放的新进展作了详细介绍，对下一步深化改革的重点任务作了全面阐释。

五天来，大家十分珍惜难得的学习机会，认真刻苦研读原文，联系本地区本系统本部门本单位实际进行研讨交流，畅所欲言、相互切磋，开阔了思路、深化了认识、统一了思想。大家认真贯彻中央八项规定精神，自觉转作风、正学风、改文风，自觉抵制请客送礼等不良现象，坚持吃在食堂、住在宿舍，维护了研讨班的纪律和中央党校的管理规定，展现出党的高级干部应有的良好形象。

云山同志在开班讲话中，希望把第一期研讨班办成勤奋学习的示范班、深入研讨的示范班、学风建设的示范班，为后面六期研讨班作表率。回顾总结第一期研讨班令人难忘的五个日日夜夜，现在我们可以说，云山同志提出的"示范班"目标总体上达到了。

这期研讨班，汇聚了省区市、中央和国家机关、中管企业和金融机构、中管高校的334名领导干部，可谓"群贤毕至，少长咸集"。在四个半天的分组研讨中，各组发言踊跃、讨论热烈，共有636人次发言，差不多人均两次。此外，每个组的组织员在课余饭后还分别走访了本组两位学员，17个组共34位学员又谈了很多学习收获和体会。下面，我从大的方面把大家的学习收获归结为三条。

第一，深化了对中央举办这次研讨班必要性、重要性的认识。大家认为，这次研讨班是学习贯彻习近平总书记系列重要讲话精神的思想动员，是用科学理论武装全党的集结号角，是提高领导干部素质和能力的重大举措，充分表明党中央高瞻远瞩、深谋远虑。学习总书记系列重要讲话，从政治上讲是与中央保持一致的思想基础，从理论上讲是用科学理论武装全党的现实需要，从实践上讲是推进党和国家各项工作的内在要求，从精神状态上讲是凝聚党心、提振民心的政治前提。举办这次研讨班，对于推动全党学习贯彻习近平总书记系列重要讲话精神不断向广度和深度拓展，一定会产生十分重要的作用。

大家普遍认为，这期研讨班有"四个好"：一是时机选择得好，正值十八大召开整整一年、十八届三中全会即将召开之际，恰逢其时；二是学员构成好，既有地方的同志、中央和国家机关的同志，又有中管企业、中管金融机构和中管高校的同志，涵盖各个行业、各个领域，有利于广泛交流沟通，有利于相互促进提高；三是活动安排得好，既有动员讲话、专题报告，又有分组研讨、大会交流，还有自主学习，时间宽紧适度，内容充实厚重；四是组织管理得好，分组科学，服务周到，管理有序。普遍认为，这期研讨班虽然只有五天，但却是一次高强度、高效率的集中学习。不少同志说，能参加第一期研讨班，充满了自豪感，增强了使命感，提升了责任感。大家认为，这期研讨班对深入学习贯彻总书记系列重要讲话特别是搞好各级领导干部的学习培训，起到了示范作用、导向作用和指导作用。表示要以这期研讨班为标杆，抓好本地区本部门本系统本单位县处级以上干部轮训。

第二，深化了对习近平总书记系列重要讲话精神重大政治意义、理论意义、实践意义的认识。大家认为，十八大以来，以习近平同志为总书记的新一届中央领导集体，深入贯彻十八大精神，高举中国特色社会主义伟大旗帜，励精图治、奋发进取，稳中求进、稳中有为，带领全党全国人民开创了党和国家事业发展的新局面，得到干部群众衷心拥护和国际社会高度评价。习近平总书记系列重要讲话，全面阐释了新一届中央领导集体的执政理念和治国方略，深刻回答了新的历史条件下党和国家发展的一系列重大理论和现实问题，政治上大气、理论上厚重、观点上鲜明、思想上亲和、文风上沉稳、语言上朴实，合国情、接地气、入民心。学习总书记系列重要讲话，受教育、受感染、受鼓舞，越学越有味，越学越想学。大家表示，回去后要继续深入学习，更好地做到真学真信真懂真用。

第三，深化了对党的领导干部必须敢负责、勇担当的认识。大家认为，习近平总书记系列重要讲话，充分体现着对党、对国家、对民族、对人民、对历史的责任担当，充分体现着天下为公、勠力复兴的奋斗精神，令人敬仰，催人奋进，越学越感到肩上的担子重、责任大。许多学员说，敢于担当是领导干部基本的政治品格和责任要求。我们党成立92年，新中国成立64年，改革开放35年，这个历史过程是一代又一代共产党人前赴后继、不懈奋斗的过程。今天，历史的接力棒传到我们这一代共产党人手里，我们必须承担起自己的责任。责任重于泰山。党的高级干部在党和国家各个领域担负着非常重要的使命，尤其要增强忧患意识、使命意识、进取意识，勇于负责、敢于担当。高级干部始终把责任扛在肩上，坚持原则不退缩、敢作敢为不推诿、尽心竭力不懈怠，党和国家事业发展就充满希望。大家表示，要坚持不懈用习近平总书记系列重要讲话精神武装头脑，深刻把握讲话贯穿的历史担当意识，摒弃私心杂念，夙夜在公、勤勉工作，不断创造经得起实践、人民、历史检验的业绩，让党中央放心，让人民满意。

这期研讨班已经结束，大家即将返回工作岗位。在临别之际，我代表研讨班举办单位提几点希望，与大家共勉。

第一，希望进一步做好"深化"的文章。通过这次学习研讨，大家取得了丰硕成果，为今后继续深入学习奠定了良好基础。同时要看到，总书记系列重要讲话精神博大精深、常学常新，学习贯彻好讲话精神是一个逐步深化的过程。希望大家以这次研讨班为新起点，深入持久地学、原原本本地学、全面系统地学，并且同深入学习马克思列宁主义、毛泽东思想、中国特色社会主义理论体系结合起来，同深入学习贯彻十八大精神和十八届三中全会精神结合起来，更好地把握总书记系列重要讲话的基本内涵、精髓要义和实践要求，用以武装头脑、指导实践、推动工作。

第二，希望进一步做好"带动"的文章。习近平总书记系列重要讲话是坚持和发展中国特色社会主义的行动指南，只有被全党全国人民所掌握，才能使巨大的理论力量转变为巨大的物质力量。中央举办这次省部级干部研讨班，正是为全党作出示范，带动全党上下的学习贯彻。希望大家按照云山同志在开班讲话中的要求，抓好本地区本部门本系统本单位党员干部的学习贯彻工作，推动总书记系列重要讲话精神进基层、进党员干部头脑。

第三，希望进一步做好"转化"的文章。把这次专题研讨班上的收获，把学习交流的成果，内化为新的思想观念和思维方式，转化为做好本职工作的具体举措，贯彻到改革发展稳定的实践中去，真正做到学以致用，学用结合。党的群众路线教育实践活动即将进入整改落实、建章立制环节。希望大家以总书记系列重要讲话精神为指导，善始善终抓好本地区本部门本系统本单位的教育实践活动，力求取得显著成效。

（在省部级干部学习贯彻习近平总书记系列重要讲话精神第一期研讨班结业式上作的小结，原载《学习时报》2013 年 12 月 2 日）

党校要在学习贯彻习近平总书记
系列重要讲话上发挥引领带动作用

（2013 年 11 月 15 日）

党的十八届三中全会刚刚闭幕，我们召开全国党校系统学习贯彻习近平总书记系列重要讲话精神座谈会，是很有意义的。回顾十八大以来这一年，以习近平同志为总书记的新一届中央领导集体，全面贯彻十八大精神，励精图治、继往开来，展示治国理政的新思想和内政外交国防的新实践，树立为民务实清廉的好作风，团结带领全党全国人民求真务实、真抓实干，党和国家事业发展迈上新台阶，实现了稳健开局、扎实开局、创新开局、精彩开局，展现了卓越的政治智慧和领导能力，得到全党全国人民衷心拥护和国际社会普遍赞誉。坚定不移深化改革开放，是新一届中央领导集体反复强调的一个重大问题，也是贯穿习近平总书记系列重要讲话的一条红线。习近平总书记对这个问题想得很深、看得很远、讲得很透，有一系列重要论述。十八大之后，习近平总书记第一次到地方调研考察，就选择了改革开放中得风气之先的广东。十八大之后，中央政治局第一次集体学习，内容是深入贯彻十八大精神；第二次集体学习，就把坚定不移推进改革开放作为学习内容。这些都足以说明，深化改革开放在党中央工作全局中、在总书记心目中占有多么重要的位置。十八届三中全会以全面深化改革为主题，审议通过《中共中央关于全面深化改革若干重大问题的决定》，对全面深化改革作出了总动员、总部署。这是新一届中央领导集体一如既往、坚定不移坚持十一届三中全会以来的理论和路线方针政策、坚持高举改革开放旗帜的重要宣言和重要体现。今天，我们在这里座谈交流学习贯彻总书记系列重要讲话精神的体会和认识，这对于深刻理解十八届三中全会的基本精神和核心要义，是十分重要的。

大家知道，为了深入学习贯彻习近平总书记系列重要讲话精神，前几天由中央组织部和中央党校联合举办了省部级干部学习贯彻习近平总书记系列重要讲话精神第一期研讨班，云山校长作了开班动员讲话，刘奇葆、赵乐际、杨洁篪等同志分别作了专题报告。334名学员进行了五天学习研讨，收获很大，受益匪浅。这个研讨班到明年

"五一"前，还要举办六期。以举办这次研讨班为起点，全党兴起了学习贯彻习近平总书记系列重要讲话精神的热潮。

党校是学习、研究、宣传马克思主义的重要阵地，我们在学习贯彻工作中先行一步，学得更多一些、更深一些、更透一些，就能对广大党员干部的学习贯彻起到十分重要的引领带动作用。半个月前，中央党校校委通过了《中共中央党校关于深入学习贯彻习近平总书记系列重要讲话精神的意见》，对党校学习贯彻工作提出了明确意见，作出了部署安排。今天这个座谈会，是全国党校系统掀起学习贯彻总书记系列重要讲话精神热潮的一个重要举措，是对学习贯彻工作的再动员、再推动。下面，我谈两点意见，和大家交流。

一、深入学习贯彻习近平总书记系列重要 讲话精神是一项长期政治任务，要不断 把思想和行动统一到讲话精神上来

坚持和发展中国特色社会主义，进行具有许多新的历史特点的伟大斗争，必须坚持正确的理论指导，必须坚持党的指导思想与时俱进。习近平总书记系列重要讲话，是

对十八大精神的充实和深化，是对中国特色社会主义理论体系的丰富和发展。深入学习贯彻总书记系列重要讲话精神，在以下三个方面努力很重要。

第一，在深化对学习贯彻总书记系列重要讲话精神重大意义的认识上下功夫。深入学习贯彻总书记系列重要讲话精神，是统一思想认识、凝聚奋进力量的迫切需要，是把握发展大势、明确前进方向的迫切需要，是赢得发展新优势、开创事业新局面的迫切需要，是提高党员干部队伍素养、增强驾驭复杂局面能力的迫切需要。对于党校系统来说，深入学习贯彻总书记系列重要讲话精神，也是进一步做好党校工作、推进党校事业发展的迫切需要，不仅有助于党校全面履行自身职能，而且对于引领和推动讲话精神的学习、研究、宣传具有十分重要的作用。学习好贯彻好讲话精神，我们才能更好地认识和把握党校肩负的政治责任，在党的建设中发挥更大作用。

第二，在全面领会总书记系列重要讲话精神的基本内涵上下功夫。学习贯彻讲话精神，既要全面把握，又要突出重点，着力领会基本内涵和蕴藏其中的新思想、新观点。云山校长在第一期省部级干部专题研讨班开班时的讲话中，从"坚持和发展中国特色社会主义"、"实现中华民族伟大复兴的中国梦"、"全面深化改革开放"、"推动科学发展"、"社会主义民主政治和依法治国"、"宣传思想工作"、"国际关系和我国外交战略"、"党的建设"等八个方面，对习近平总书记系列重要讲话进行了概括，很全面、很准确、很权威，对我们全面领会系列重要讲话精神的丰富内涵具有十分重要的指导作用。习近平总书记系列重要讲话精神是不断丰富和发展的，今后总书记发表新的讲话，我们党校系统的同志要一如既往地认真学习。

第三，在深刻把握总书记系列重要讲话所贯穿的立场观点方法上下功夫。学习总书记系列重要讲话，既要知其言，更要知其意；既要知其然，更要知其所以然。对总书记系列讲话精神学习得深不深、贯彻得实不实，很重要的是看对贯穿其中的立场观点方法把握得准不准、理解得透不透。云山校长从"坚定信仰追求"、"历史担当意识"、"真挚为民情怀"、"务实思想作风"和"科学思想方法"等五个方面，对总书记系列重要讲话的核心要义、思想精髓进行了阐述，为我们全面把握系列重要讲话所贯穿的马克思主义世界观和方法论提供了科学完整的分析框架，我们要深刻学习领会，以忠诚之心对待党的宗旨、以感恩之心对待人民群众，善于运用历史思维、战略思维、辩证思维、底线思维分析形势、把握趋势、谋划大势，增强工作的科学性、预见性和主动性。

二、充分发挥党校优势、聚合党校资源，在学习贯彻习近平总书记系列重要讲话精神热潮中有更大作为

党校是为立党、兴党、强党而建立和工作的。现在，全党上下正在深入学习贯彻总书记系列重要讲话精神，我们要充分履行党校职责、发挥党校作用，为推动学习贯彻工作不断向广度和深度拓展作出应有贡献。

第一，发挥推动和引领全党学习的排头兵作用，持续深化对总书记系列重要讲话精神的学习。党校是党的学习基地，只有我们自己首先学明白了、学扎实了，才能引领和推动广大党员干部的学习。这就要原原本本地学，老老实实地学，认认真真地学，联系群众地学，精心研读、学以致用，避免浅尝辄止、脱离实际。还要反复对照、仔细揣摩，从整体上把握好总书记的重要思想，真正做到学有所得、学有所悟，努力把学习成果转化为推动工作的实际成效。

第二，发挥培训轮训党员领导干部的主渠道作用，用总书记系列重要讲话精神统一学员思想、强化理论武装。通过教育培训统一思想、凝聚共识，帮助党员干部夯实理

论基础、开阔世界眼光、培养战略思维、增强党性修养，是党校的独特优势和教学特色。当前，我们要着力做好讲话精神进党校教材、进党校课堂、进党校学员头脑工作。中央党校编辑了《习近平总书记十八大以来重要论述专题摘编》，供省部班学员使用。我们还将组织修订党校教学大纲和教学计划，在各主体班次和党校研究生教学中开设学习总书记系列重要讲话精神专题课。建议各级党校也把学习贯彻总书记系列重要讲话精神作为教学布局的重中之重，同时把学习贯彻总书记系列重要讲话精神同正在开展的群众路线教育实践活动紧密结合起来，强化理论武装、加强党性锻炼。

第三，发挥思想理论主阵地作用，加强对总书记系列重要讲话精神的研究和宣传。在党的理论研究和理论宣传上，党校历来发挥着重要作用，重大节点有声音、重大问题亮观点、重大时段搭平台。我们要继续做好这方面工作，组织党校理论工作者撰写重点文章，做好阐释解读工作，为党员干部学习贯彻讲话精神提供学理支撑。要充分运用党校报刊、网站等媒体，充分利用博客、微博等新传播手段，及时跟进宣传，引导网上舆论，努力营造学习贯彻系列重要讲话精神的浓厚氛围。

第四，发挥资政议政的思想库作用，以总书记系列重要讲话精神为指导，为党委和政府科学决策提供参考。党校有比较完备的学科设置，有学术实力过硬的教师队伍，有实践经验丰富的广大学员，有与国内外学术界的广泛联系，有进行社会调查的传统与便利，作为思想库条件优越。我们要围绕总书记系列重要讲话中提出的重大理论和实践问题展开深入的调查研究，注重从总书记的重要论述中汲取丰富的政治智慧和思想养分，注重从基层一线获取最真实的信息和群众意见，注重从广大学员中汇集工作一线的情况与建议，为党委和政府提供政策咨询和对策研究成果，为推进社会主义经济建设、政治建设、文化建设、社会建设、生态文明建设和党的建设贡献智慧和力量。

这里我想特别提到的是，习近平总书记曾担任中央党校校长五年，对党校的建设发展提出了一系列具有战略意义的重要思想和明确要求。他为党校事业付出巨大辛劳、倾注大量心血，既有宏观战略上的指导，又有微观细节上的关怀。总书记对党校事业的这份感情，我们要铭记在心，转化为进一步做好党校工作的动力。中央党校正在组织力量编辑《习近平论党校工作（专题摘编）》，力求全面梳理习近平总书记的治校思想，使之成为指导党校事业科学发展的重要文献和根本遵循。

学习贯彻习近平总书记系列重要讲话精神是一个逐步

深化的过程，我们要长期坚持、与时俱进；同时也是一个内化于心、外化于行的过程，我们要知行合一，自觉实践。我们要把学习贯彻总书记系列重要讲话精神同学习贯彻十八届三中全会精神结合起来，把思想和行动切实统一到中央的重大决策部署上来，以改革创新精神推动党校事业再上新台阶！

（在全国党校系统学习贯彻习近平总书记系列重要讲话精神座谈会上的讲话，原载《学习时报》2013年12月9日）

在党校工作中贯彻落实好
习近平总书记全面深化改革的思想

（2014 年 3 月 6 日）

今天我们举行校委理论学习中心组扩大会议，专题学习习近平总书记在省部级主要领导干部学习贯彻十八届三中全会精神全面深化改革专题研讨班开班式上的重要讲话。刘云山同志在专题研讨班结业时，明确要求把学习总书记这篇讲话作为党委理论学习中心组学习的重要内容。在 3 月 1 日春季学期开学典礼上，云山同志再次强调了这个要求，明确提出中央党校要在理论学习和理论武装上走在前面。刚才，5 位同志围绕总书记关于全面深化改革总目标的论述谈了不少认识和体会，很有见解，也很深刻，听后很受启发。

大家知道，习近平总书记这篇重要讲话，从坚持和发展中国特色社会主义、实现党和国家长治久安的战略高度，深刻阐述了全面深化改革总目标的历史背景、现实根据和科学内涵，科学回答了坚持改革总目标必须解决好制度模式选择、价值体系建设等重大问题，及时澄清了社会上对一些问题的错误认识，充分展示了沿着中国特色社会主义道路全面深化改革的历史担当和坚强决心，具有强烈的历史感和方向感，是马克思主义的纲领性文献，不仅对全面深化改革具有重要指导意义，而且对推进整个中国特色社会主义伟大事业具有重要指导意义。

全面深化改革的总目标，解决了推进各领域改革最终为了什么、要取得什么样的整体效果这个大问题，事关全局、事关方向、事关根本。深刻理解、准确把握这个总目标，对全面深化改革至关重要。其中有四点尤其需要牢牢把握。一是必须始终坚持党对全面深化改革的领导。全面深化改革是一场攻坚战、持久战，是一场深刻的自我革命，领导权必须牢牢掌握在各级党委手里，绝不能放松。二是必须始终坚持全面深化改革的政治前提。核心是坚持"三个自信"，本质是政治自信。坚持了"三个自信"，就可以防止犯颠覆性错误，防止陷入中等收入陷阱和西化分化陷阱。三是必须始终坚持社会主义核心价值体系。价值取向问题最终决定改革的品质。要坚持用社会主义核心价值观引领社会、整合社会思潮，不断增强人民群众对党、对国家、对社会主义的向心力，牢牢站在道德制高点上。四是必须始终坚持独立自主深化改革。改革需要学习借鉴其他国家的先进经验和做法，但前提是独立自主，绝不能听他人的哨子，要坚定不移迈自己的步、走自己的路。

全面深化改革是时代的主旋律。十八届三中全会提出的改革举措，直接涉及党校的内容不多，但我们决不能有"改革与我无关、开放离我很远"的思想。去年12月中旬，我们用了两个半天的时间召开校委理论学习中心组扩大会议，专题学习贯彻十八届三中全会精神，各直属单位都谈了以全会精神为指导做好各自工作的打算，效果是好的。今天我们学习总书记在省部级主要领导干部专题研讨班开班式上的讲话，是校委理论学习中心组第二次扩大会议，目的也是为了在党校各项工作中更好地贯彻落实总书记系列重要讲话，更好地理解把握和贯彻落实十八届三中全会精神。应当说，这些学习还是初步的，今后要不断深入。最近，我们还要安排理论学习中心组第三次扩大会议，结合学习总书记系列重要讲话，继续深入学习总书记在专题研讨班开班式上的讲话，校委和各直属部门都要讲一讲。可以讲对总书记讲话科学内涵和精神实质的理解，更重要的是结合中央党校的职能定位，讲如何才能把十八届三中全会精神、把总书记系列重要讲话贯彻落实到党校的教学、科研、管理等各项工作中去，切实把中央党校的工作提升到一个新水平。今天的会议之后，各直属单位都要组织好本单位的学习，学习情况和对改进党校工作有什么建议，要以书面形式向机关党委和办公厅报告。

习近平总书记多次强调，我们党正在带领人民进行具有许多新的历史特点的伟大斗争。我们这些人，生逢这样一个伟大时代，能够参加这么一场伟大斗争，能够在以习近平同志为总书记的党中央领导下为实现"两个一百年"目标、为实现中华民族伟大复兴而奋斗，是十分幸运、十分光荣、十分自豪的。中央党校作为党中央一个重要部门，作为党的重要思想理论阵地，作为全党一个重要的思想库，如何在这场伟大斗争中充分发挥作用，争取更大光荣，这是我们党校每一个富有责任心的同志尤其是在座的同志需要认真思考的问题。延安时期，毛主席亲自担任中央党校校长，中央的不少重要活动都在中央党校进行。改革开放初期，中央党校在真理标准讨论中发挥了重要作用。历史走到全面深化改革的今天，我们这些党校人应该怎样继承优良传统，怎样在党的事业中更好发挥作用，确实值得很好地思考。现在，中央党校各方面条件比改革开放初期都大大改善了，与新中国成立初期、延安时期比起来更是今非昔比。特别是以习近平同志为总书记的党中央对党校工作高度重视，云山校长对中央党校要求很高，从政治上、改善办学条件上、干部锻炼成长上给以极大关心。我们必须加倍做好工作，进一步把中央党校办好，在推进伟大斗争中发挥更大作用，不辜负中央和云山校长的期望。

中央党校应该发挥什么作用呢？根据中央党校的职能定位，我觉得主要有这么四个方面：一是干部培训。这是中央党校必须完成好的最基本的职能。这项工作做不好，我们党校的整体工作就不合格。二是思想引领。就是要对一些重大思想理论问题作出有针对性的回答，切实起到解疑释惑、引导舆论的作用。三是理论建设。这是中央党校作为学习、研究、宣传马克思主义重要阵地的应有之义。四是决策咨询。就是要为中央提供有价值的决策参考。中央党校要有所作为，就要在这四个方面充分发挥作用，作出应有贡献。我们下一步的学习，就要围绕怎么办好党校、怎么在这四个方面发挥党校作用进行思考。党校的行政管理工作、干部人才工作、服务保障工作等等，都要围绕这四个方面来思考、来给力，群策群力把工作进一步做好。科研部、"八部一所"和其他部门，要认真对照十八届三中全会提出的重要改革举措，结合各自职能和业务范围进行调查研究，特别要认真研究这些改革举措在贯彻实施过程中遇到的新情况新问题，提出富有真知灼见的推进工作的建议。

（在中央党校校委理论学习中心组扩大会议上的
总结发言，原载《学习时报》2014 年 3 月 10 日）

坚持依法执政

（2014 年 12 月 15 日）

坚持依法执政是我们党领导人民长期探索治国之道历史经验、不断深化对共产党执政规律认识的科学总结。党的十八届四中全会通过的《中共中央关于全面推进依法治国若干重大问题的决定》（以下简称《决定》）强调"依法执政是依法治国的关键"，并对依法执政提出了一系列明确要求。我们应深刻学习领会，认真贯彻落实。

自觉维护宪法法律的权威和尊严

宪法法律至上，是现代法治国家的重要标志，也是衡量现代社会文明进步的重要标准。坚持依法执政，首先要保证宪法法律在党内、在各级党组织和领导干部中的权威和尊严。

宪法是治国安邦的总章程，是人民权利的保障书。宪法以国家根本大法的形式，确立了中国特色社会主义道路、中国特色社会主义理论体系、中国特色社会主义制度的发展成果，规定了中国共产党的领导地位，规定了公民的基本权利和基本义务，规定了国家政权机构的组织体系、职责权限和运行机制，充分反映了我国各族人民的共同意志和根本利益，是党和国家中心工作、基本原则、重大方针、重要政策在国家法治上的最高体现，具有最高的法律地位、法律权威、法律效力。根据宪法制定的各种法律法规和规章是宪法精神、宪法原则、宪法内容的进一步展开和具体化，是全体社会成员必须遵行的行为规范。宪法法律的权威和尊严得到保障，国家和社会生活的法治化就有坚实基础，经济发展、政治清明、文化昌盛、社会公正、生态良好就有可靠保障，党和国家事业兴旺发达就能获得蓬勃力量。正因为如此，《决定》强调："各级党组织和领导干部要深刻认识到，维护宪法法律权威就是维护党和人民共同意志的权威，捍卫宪法法律尊严就是捍卫党和人民共同意志的尊严，保证宪法法律实施就是保证党和人民共同意志的实现。"

各级党组织自觉在宪法法律范围内活动，是宪法和党章的明确要求，也是维护宪法法律权威和尊严的重要保障。我们党是执政党，各级党组织在我国政治生活和社会生活中处于领导核心或政治核心地位，自觉维护宪法法律权威和尊严，对整个社会具有直接而深远的影响。这就要求各级党组织培养法治意识，把贯彻实施宪法法律贯穿于一切活动的始终。执掌国家政权、开展施政活动，要忠于宪法法律，严格按照法定原则、法定权限、法定程序行使职权、履行职责，为人民掌好权、用好权，保证国家机关统一有效组织各项事业。践行党的宗旨、服务人民群众，要注重运用法治来协调利益关系、保障改善民生，实现好、维护好、发展好人民群众的合法权益，引导人民群众通过合法渠道理性表达利益诉求，坚决防止和反对侵犯人民群众合法权益的行为。对少数群众不合理不合法的利益要求，要加强教育引导，坚持依法办事，不能违反法律规定"花钱买平安"。加强自身建设、开展党内活动，包括制定党内法规、开展组织生活、化解党内矛盾、解决党内存在的突出问题等，既要遵守党章和党规，又要符合宪法法律精神，不得与宪法法律相抵触，尤其要注重教育广大党员培养法治素养，做学法尊法守法用法的模范。

领导干部带头遵守法律，带头依法办事，对维护宪法法律权威和尊严至关重要。在领导干部中，法治观念淡薄、特权思想严重、目中无法、信奉权大于法的人还不少。这是法治建设的大敌、依法执政的大敌。领导干部必须高度重视宪法法律的学习，把熟练掌握宪法法律知识、法治理念、法治精神作为履职尽责的基本条件，不断提高运用法治思维和法治方式深化改革、推动发展、化解矛盾、维护稳定能力。想问题、作决策、办事情，要时刻绷紧法治这根弦，做到心中有法、虑必及法、行必依法。对法律要有敬畏之心，始终坚持法律面前人人平等、法律面前没有特权、法律约束没有例外的原则，牢固确立法律红线不可逾越、法律底线不可触碰的观念，不得违法行使权力，更不能以言代法、以权压法、徇私枉法。尤其是在依法行使自由裁量权时，一定要恪守公平正义的法治理念，正确处理权与法、情与法、利与法的关系，公正决断是非，不因私利抛公义，不因私谊废公事，不因私情弃公平，确保权力行使不偏离法治轨道、不突破法律边界、不逃避法律责任。

发挥政策和法律各自优势

正确认识和处理政策与法律的关系，是依法执政会经常遇到、必须认真解决好的一个重大问题。《决定》指出："完善党委依法决策机制，发挥政策和法律的各自优势，促进党的政策和国家法律互联互动。"这不仅从理论上回答了政策和法律的地位、作用及其相互关系，而且为我们在实践中把握好二者关系提供了重要遵循。

党的政策和国家法律在本质上是一致的，都是党和人民共同意志的反映，都是党领导人民治理国家的重要方式，都是党用以统筹社会力量、平衡社会利益、调节社会关系、规范社会行为以及推动科学发展、全面深化改革、促进社会和谐的重要手段。所不同的是，政策和法律因各自独有的表现形式、作用范围、效力支撑而有着不同的特点和优势。党的政策更具有灵活性、时代性、探索性、指导性等特点，在研判国际国内发展大势、确定国家未来走向的宏观战略，指导最新创造性实践，解决改革发展稳定中不断出现的新矛盾新问题、人民群众反映强烈的热点难点问题等方面发挥着重要作用。国家法律更具有普遍性、稳定性、反复适用性、国家强制性等特点，在规范公民权利与义务、国家机关权力与责任，定纷止争、维护社会稳定和社会公平正义，调整相对成熟、相对稳定的重大社会关系等方面发挥着重要作用。同时，政策和法律又具有紧密的内在联系。党的政策是国家法律的先导和指引，是立法的依据和执法司法的重要指导；国家法律是党的政策的定型化，党的政策成为法律后，实施法律就是贯彻党的意志，依法办事就是执行党的政策。它们相辅相成、相互补充、相得益彰。不能把二者割裂开来，更不能将二者对立起来。

在新的历史起点上全面深化改革，完善和发展中国特色社会主义制度，推进国家治理体系和治理能力现代化，不仅催生着越来越密集、越来越迫切的政策和法律需求，而且为政策和法律发挥各自优势开辟了越来越广阔的空间。在深化改革的顶层设计方面，在重要领域和关键环节改革试点先行、投石问路方面，在涉及群体广泛、利益关系复杂、牵一发而动全身的深层次改革方面，在前沿改革的探索性实践方面，凡此等等都要注重发挥政策的积极作用。当改革取得的重要成果需要及时巩固、改革积累的成功经验需要普遍推广、改革理顺的利益关系趋于合理稳定需要固化定型，就要及时发挥法律的积极作用。当然，在全面深化改革过程中，政策和法律的作用范围并不是泾渭分明、截然分开的，往往是交互作用、同频共振，共同推动改革有序进行。这里需要强调的是，要注重立法和改革决策相衔接，做到重大改革于法有据、立法主动适应改革和经济社会发展需要。也就是说，谋划重大改革、推进重大改革，要主动把法律因素考虑进来，自觉运用法治方式。实践证明行之有效的，要及时上升为法律；实践条件还不成熟、需要先行先试的，要按照法定程序作出授权；

对不适应改革要求的法律法规，要及时修改和废止，确保重大改革在法治轨道上进行。

完善党委依法决策机制，是提高决策质量和水平的重要保证，也是促进政策和法律互联互动的重要条件。党委依法决策，强调的是决策主体、决策程序、决策内容、决策责任都要始终贯穿和体现法治思维，并采取和运用法治方式。每作一项决策，都要认真想一想法律上谁有权决策，有多大权限决策，决策的法律依据是什么，应当遵循的法定程序是什么，应当承担什么样的法律责任，等等。要把合法性论证作为党委重大决策的必经程序，确保决策符合法律，实现政策与法律的有效对接和统一。《决定》提出，各级党政机关普遍设立公职律师，"参与决策论证，提供法律意见，促进依法办事，防范法律风险"。这为开展党的重大决策合法性论证提供了有力支持。要建立重大决策终身责任追究制度及责任倒查机制，对违反法律规定进行决策导致严重失误、造成重大损失和恶劣影响的，严格追究有关领导和责任人员的法律责任。

健全依法执政的工作机制

坚持依法执政、提高依法执政水平，需要一套科学有效、系统完备的工作机制来保障。否则，依法执政很容易停留于一般号召，很容易取决于领导者个人认识和重视程度，很难真正落实到具体执政实践中。这里，既有重大政治原则需要我们毫不动摇地坚守，又有大量制度和体制机制障碍需要我们大胆突破。

依法正确处理党同国家政权机关之间的关系，是健全依法执政工作机制的重大任务。要旗帜鲜明地坚持宪法确定的党的领导地位，把党对国家政权机关的领导作为依法执政最根本的原则，充分发挥党总揽全局、协调各方的领导核心作用。同时，要按照宪法法律规定的原则、职责和程序，不断改进党领导国家政权机关的方式方法，把党总揽全局、协调各方同人大、政府、政协、审判机关、检察机关依法依章程履行职能、开展工作统一起来，善于使党的主张通过法定程序成为国家意志，善于使党组织推荐的人选通过法定程序成为国家政权机关的领导人员，善于通过国家政权机关实施党对国家和社会的领导，善于运用民主集中制原则维护中央权威、维护全党全国集中统一。

健全党领导依法治国的制度和工作机制，完善保证党确定依法治国方针政策和决策部署的工作机制和程序，才能实现党对法治工作的领导具体化、制度化。要建立健全党领导立法的工作制度。凡立法涉及重大体制和重大政策调整的，必须报党中央讨论决定，宪法修改由党中央向全国人大提出建议。法律制定和修改的重大问题由全国人大常委会党组向党中央报告。进一步完善党领导政府的工作机制，深入推进依法行政，创新执法体制、完善执法程序、推进综合执法、严格执法责任，建立权责统一、权威高效的依法行政体制。加快建设职能科学、权责法定、执法严明、公开公正、廉洁高效、守法诚信的法治政府，确保各级政府始终坚持在党的领导下、在法治轨道上开展工作。进一步健全党委统一领导和各方分工负责、齐抓共管的责任落实机制，加强党对全面推进依法治国的统一领导、统一部署、统筹协调，把法治建设贯穿于经济建设、政治建设、文化建设、社会建设、生态文明建设以及党的建设各个方面。党政主要负责人要履行推进法治建设第一责任人的职责，不仅自身要带头遵守宪法法律、带头依法办事，而且要抓好领导班子和干部队伍法治素养和能力的培养提高。各级人大、政府、政协、审判机关、检察机关的党组织要领导和监督本单位模范遵守宪法法律，坚决查处执法犯法、违法用权等行为。

政法委员会作为党委职能部门，是党委领导政法工作的组织形式，必须长期坚持。各级党委政法委员会要把工作着力点放在把握政治方向、协调各方职能、统筹政法工作、建设政法队伍、督促依法履职、创造公正司法环境上，做依法办事的表率，保障宪法法律正确统一实施。政法机关党组织要建立健全重大事项向党委报告制度，政法工作的重大部署、事关社会团结和谐的重大问题、涉及社会政治稳定的重大敏感案件、群众反映突出的执法司法问题等要及时向党委报告，决不能搞先斩后奏、边斩边奏，甚至斩而不奏。要大力加强政法机关党的建设，坚持围绕政法中心工作抓党建，运用好党的群众路线教育实践活动成功经验，创新工作方式方法，创新活动内容载体，严肃党内政治生活，真正使政法机关党组织成为政法干警经受党内生活锻炼、增强党的意识、提高思想觉悟、加强党性修养的熔炉。要针对政法队伍中存在的突出问题，教育引导广大党员干警在坚定理想信念上当先锋模范，坚持党的事业、人民利益、宪法法律至上，强化政治意识、大局意识、责任意识、法治意识，永葆忠于党、忠于国家、忠于人民、忠于法律的政治本色；在忠于职守上当先锋模范，肩扛公正天平，手持正义之剑，坚持公正无私、执法如山的职业情怀，坚守公正廉洁的职业道德，让人民群众在每一个案件中都能感受到公平正义。

（原载《人民日报》2014 年 12 月 15 日）

全面推进依法治国与
中国特色社会主义

（2014 年 12 月 20 日）

　　中国马克思主义论坛是 2009 年由中国马克思主义研究基金会创办的，每年 12 月底在中央党校召开。在"中国马克思主义论坛 2009"开幕之际，兼任中央党校校长的习近平同志曾发来贺信，希望在中央党校主管下，中国马克思主义研究基金会充分发挥马克思主义研究事业的助推器作用和联系团结党校系统以及全国理论工作者的纽带作用，并希望把中国马克思主义论坛办成发表马克思主义研究新成果，推进马克思主义中国化、时代化、大众化的有影响力的平台，为建设马克思主义学习型政党作出新贡献。

　　遵照习近平同志的重要指示精神，在中央党校校委的领导和支持下，中国马克思主义研究基金会的同志精心组织，围绕马克思主义和中国特色社会主义这个总主题，一年一个分主题，先后成功举办了五届论坛，进行了三届马克思主义中国化研究优秀成果奖颁奖，在理论界和社会上产生了广泛影响。

本届论坛是第六届，论坛的主题是"全面推进依法治国：目标、理念与路径"，由中国马克思主义研究基金会和中央党校培训部共同主办。这是中国马克思主义研究基金会依托中央党校学员资源优势，整合教与学两种资源，研究坚持和发展中国特色社会主义中重大理论和现实问题的一次有益尝试。从事理论研究的专家学者和来自实践第一线的干部学员同台演讲，社科界高端智力资源与党政干部学员实践经验相互碰撞，一定会大大深化党的十八届四中全会精神的学习领会和宣传贯彻，一定会增强坚持走中国特色社会主义法治道路、建设社会主义法治体系的理论自觉和行动自觉。

下面，我围绕"全面推进依法治国与中国特色社会主义"谈一些认识，与同志们交流。

第一，全面推进依法治国是党中央着眼于中国特色社会主义事业长远发展的战略谋划。

党的十八大以来，以习近平同志为总书记的新一届中央领导集体，接过历史的接力棒，高举中国特色社会主义伟大旗帜，全面贯彻党的十八大和十八届三中全会精神，励精图治、攻坚克难，政治上坚定不移，经济上稳中求进，改革上全面深化，民生上更加贴心，外交上纵横捭阖，治军上敢于亮剑，反腐上重拳出击，治党上更加从严，带领党和人民打开了改革发展新局面，取得了有目共睹的新进展，得到全党全国人民衷心拥护和国际社会普遍赞誉。

当前我们已经站在一个新的历史起点上，正在进行具有许多新的历史特点的伟大斗争。改革发展稳定任务之重前所未有，矛盾风险挑战之多前所未有，对我们党治国理政的考验之大前所未有。面对新的形势和任务，党的十八届四中全会作出我们党历史上第一个全面推进依法治国的决定，这既是立足于解决我国改革发展稳定中矛盾和问题的现实考量，更是着眼于中国特色社会主义事业长远发展、党和国家长治久安的战略谋划。

法治问题是人类政治文明史上一个基本问题，也是各国规划本国事业发展时必须面对和解决的一个重大问题。法治是迄今为止人类能够认识到的最佳治国理政方式，是现代国家治理的最优选项。法治取代人治，是文明进步的标志，也是文明进步的动力。综观世界近现代史，凡是顺利实现现代化的国家，没有一个不是较好解决了法治和人治问题的。一个国家什么时候重视法治、法治昌明，什么时候就国泰民安；什么时候忽视法治、法治废弛，什么时候就国乱民怨。法治既有协调社会关系、规范社会行为的"显功效"，也有引领社会预期、凝聚社会共识的"潜功效"。法治的"潜功效"发挥得越好，党和国家事业长远发展的基础就越稳固、效果就越持久。

法律是治国之重器，法治是国家治理体系和治理能力的重要依托。在我们这样一个地域辽阔、民族众多、国情复杂的大国，面对利益多层、价值多元的社会，我们要实现经济发展、政治清明、文化昌盛、社会公正、生态良好，要推动我国经济社会持续健康发展，要不断开拓中国特色社会主义事业更加广阔的发展前景，必须站在历史高度，发挥法治固根本、利长远的优势，全面推进社会主义法治国家建设，为党和国家事业发展提供根本性、全局性、长期性的制度保障。

第二，全面推进依法治国必须坚定不移走中国特色社会主义法治道路。

以什么样的思路来谋划和推进法治建设，在国家政治生活中具有管根本、管全局、管长远的作用。习近平总书记在十八届四中全会上强调："全面推进依法治国，必须走对路。如果路走错了，南辕北辙了，那再提什么要求和举措也都没有意义了。"党中央部署全面推进依法治国，是我们党在治国理政上的自我完善和自我提高。中国特色社会主义道路、理论体系、制度，是全面推进依法治国的根本遵循。全面推进依法治国，必须在坚持和拓展中国特色社会主义法治道路这个根本问题上，树立自信、保持定力。

中国特色社会主义法治道路，是在我国国体政体、历史传承、文化传统、经济社会发展基础上长期发展的结果。这条法治道路之所以行得通、有生命力、有效率，就是因为它是从中国的社会土壤中生长起来的。未来要继续苗壮成长也必须深深扎根于这片土壤。如果不顾国情照抄照搬别国的制度模式，就不仅不能解决任何实际问题，而且还会因水土不服造成严重后果。

党的十八届四中全会强调实现全面推进依法治国的总目标必须坚持五个方面的原则，这是对坚持和拓展中国特色社会主义法治道路内涵的具体化。其中，坚持中国共产党的领导是核心所在。党的领导是中国特色社会主义最本质的特征，是社会主义法治最根本的保证。是否坚持党的领导，是区分中国法治道路和西方法治模式的分水岭。我们党的性质和宗旨，党在国家政治生活中总揽全局、协调各方的领导核心地位，广大党员干部的先锋模范作用，党所拥有的政治优势、组织优势、理论优势，这一切都决定了中国共产党是法治建设的领导力量。只有在党的领导下，建设中国特色社会主义法治体系、建设社会主义法治国家才有主心骨，国家和社会生活法治化才能有序推进。

我们要深刻认识中国特色社会主义法治道路的独特价值和深厚优势，向全社会释放正确而又明确的信号，那就是全面推进依法治国，一定要有利于加强和改善党的领导，有利于巩固党的执政地位、完成党的执政使命，而不是要削弱党的领导。

第三，在全面深化改革与全面推进依法治国的有机互动中坚持和发展中国特色社会主义。

党的十八届三中全会把完善和发展中国特色社会主义制度、推进国家治理体系和治理能力现代化作为总目标，提出全面深化改革336项具体改革举措；党的十八届四中全会把建设中国特色社会主义法治体系、建设社会主义法治国家作为总目标，提出全面推进依法治国190项改革举措。这是一个总体战略部署在时间轴上的顺序展开。三中、四中全会作出的两个决定有其紧密的内在逻辑，全面深化改革与全面推进依法治国有机互动，形成前后相续的姊妹篇，共同保证中国特色社会主义的坚持和发展。相对于十八大提出的全面建成小康社会的奋斗目标和实现中华民族伟大复兴的中国梦，全面深化改革与全面推进依法治国都是手段和途径，具有相同的目标指向，即发展和完善中国特色社会主义。

现在，全面深化改革处于攻坚期和深水区，全面推进依法治国正在推进，各种问题交织叠加，各种风险不断显现。只有妥善处理好改革变动性和法律稳定性的关系，才能确保立法进程与改革开放和社会主义现代化进程相适应。全面深化改革贯穿经济社会发展各个领域各个环节，致力于激发各类市场主体和社会的活力。全面推进依法治国，充分发挥法治程序性、稳定性和可预期性的制度优势，致力于构架社会变动下的良好秩序。实现改革与法治的有机互动，才能确保中国社会在深刻变革中既生机勃勃又井然有序。

习近平总书记指出，解决法治领域的突出问题，根本途径在于改革。党的十八届四中全会《决定》提出的重要举措，许多都是涉及利益关系和权力格局调整的"硬骨头"，需要我们拿出自我革新的勇气，敢于啃硬骨头，敢于涉险滩，一个一个问题解决，一项一项抓好落实。

全面推进依法治国是一个系统工程，是国家治理领域一场广泛而深刻的革命，涉及的理论和实践问题很多，需要进行广泛、深入的学习研究。我先开个头，抛砖引玉，相信今天的论坛能交流碰撞出深刻的思想火花。

中国马克思主义研究基金会依托中央党校和全国党校系统思想理论和智力资源优势，在奖励、资助、组织对中国特色社会主义理论体系特别是习近平总书记系列重要讲话精神的学习、研究、宣传方面做了许多卓有成效的工作。希望基金会再接再厉，更好地发挥马克思主义研究事业的助推器作用和联系团结党校系统以及全国理论工作者的纽带作用，进一步加大对中国特色社会主义理论体系特别是习近平总书记系列重要讲话精神的研究和传播，为坚持和发展中国特色社会主义、实现中华民族伟大复兴的中国梦继续作出应有贡献。我们还真诚希望社会各界一如既往地关心、支持中国马克思主义研究基金会的工作，使基金会在推进马克思主义理论研究和创新方面发挥更大作用。

（在"中国马克思主义论坛 2014"暨中央党校培训部学员论坛上的开题演讲，原载《学习时报》2014 年 12 月 29 日）

做习近平总书记要求的
"四有"干部

（2015 年 1 月 15 日）

中央党校本学期最重要最有影响的活动，就是习近平总书记与中央党校学员座谈。1 月 12 日上午，习近平总书记在人民大会堂亲切接见了中央党校第一期县委书记研修班全体学员并合影座谈，认真听取 6 位学员代表的汇报并发表重要讲话，明确提出做县委书记就要做焦裕禄式的县委书记，始终做到心中有党、心中有民、心中有责、心中有戒。他要求中央党校始终坚持党校姓党，不断提高马克思主义理论教育和党性教育水平，加强对学员进行危机处理、国家安全和公共安全的教育培训等等。习近平总书记的讲话语重心长、饱含深情，在全体学员和教职工中引起不同寻常的强烈反响。县委书记班的学员们说，我们能作为十八大之后第一期县委书记班学员感到非常自豪，我们能参加总书记主持的座谈会并近距离聆听教诲，更是在党校学习的最大幸运和一生中最值得珍视的记忆。党校其他班次的学员们说，习近平总书记的讲话不仅是对县委书记班学员的谆谆嘱托，也是对党校全体学员和全国党员领导干部的殷切期望，对干部队伍建设具有重大而深远的意义。党校教职工们说，总书记同县委书记班学员座谈，这在中央党校的历史上是前所未有的，充分体现了党中央对县一级工作的高度重视和对县委书记群体的亲切关怀，也充分体现了总书记对中央党校和整个党校工作的高度重视和亲切关怀，必将浓墨重彩地载入党校史册。总之，在本学期即将结束之际，习近平总书记同党校学员座谈并发表重要讲话，这是中央党校本学期最有分量最有意义的压轴活动。学员们一致表示，一定要努力践行总书记提出的"四有"要求，做党和人民需要的好干部。中央党校也一定以总书记这次讲话为新的契机，把党校的各项工作提高到新水平。

本学期中央党校的学员还直接聆听了云山校长的开学讲话，这也是学员们党校学习生活中很值得珍视的经历。在去年9月1日秋季学期开学典礼上，云山校长所作的"党员领导干部要自觉践行'三严三实'"的专题讲话，围绕党员干部按照"三严三实"要求修身做人、为官用权、干事创业提出了明确具体要求。在去年 11 月 14 日秋季学期第二批进修班开学典礼上，云山校长又作了"领导干部要做学法尊法守法用法的模范"的专题讲话，对学习贯彻党的十八届四中全会精神进行了全面、系统、深刻的阐释。云山校长这两个开学讲话，既是思维层次高、很有深度的思想理论"大餐"，又是内容丰富、针对性很强的高质量党课，学员普遍反映很解渴、很管用，对党校全体学员和教职工深入学习贯彻中央精神、提高理论素质、加强党性修养很有帮助。新疆班的学员本学期还聆听了云山校长去年 9 月 23 日在纪念新疆班创办 60 周年座谈会上的讲话。云山校长的讲话科学总结了新疆班的办学经验，对进一步办好新疆班提出了明确要求，指明了方向。

最近几天，各个班次的学员都进行了学习总结。大家认为，中央党校文风学风活跃严谨、保障到位、管理严格，教学组织科学合理、课堂讲授深刻生动。进党校学习，确实是一次"冷思考、踱方步"的宝贵机会，也是一次增强理论素养、升华党性修养、提升知识能力的难得历练。通过学习，精神上补了"钙"、能力上加了油、知识上充了电，收获很大，受益匪浅，对今后的从政之路、人生之路将产生长久深远的影响。概括大家的收获，主要有四个方面。

第一，深化了对党的基本理论特别是习近平总书记系列重要讲话精神的学习理解，提升了理论素养。学员们在党校各个班次学习，都有马克思主义基本理论特别是中国特色社会主义理论体系课程，有的还开设了经典原著导读课。通过对马克思主义160多年理论发展成果的贯通性学习，大家进一步认识到马克思主义的真理性、科学性，进一步掌握了马克思主义的立场观点方法，进一步提高了理论联系实际、学以致用的能力。按照云山校长的要求，党校把学习习近平总书记系列重要讲话作为主课来安排来实施，把《习近平谈治国理政》《习近平总书记系列重要讲话读本》作为基本教材，同时编辑了《习近平总书记十八大以来重要论述专题摘编》《习近平关于领导干部加强党性教育重要论述摘编》《习近平党校十九讲》等作为学员内部学习教材。学员们对这样的教学安排很认同，对学习总书记讲话很刻苦，突出问题导向，努力做到系统学、深入学、专题学，尤其注重在学原著、读原文、悟原理上下功夫。大家反映，通过这样的学习，理论上提升了很多，思想上充实了很多，对坚持和发展中国特色社会主义有了更加理性的认识，更加坚定了"三个自信"。

第二，深化了对党校开展党性教育必要性重要性的认识，增强了党性修养。党性教育是各级党校的主打课程。

中央党校按照云山校长的要求，在每个主体班都设置了专门的"党性教育单元"，目前无论进修类班次还是培训类班次，党性教育的有效学习时间都已占到总课时的20%。大家对这样的教学布局表示赞同，普遍认为党校把理想信念教育、道德品行教育、法治思维教育、反腐倡廉教育作为党性教育的重点，创新教学方式，组织学员到教学基地进行体验和感悟，组织观看反面案例录像，编印《近年来高中级干部违法违纪典型案例》，把内在道德修养与外在约束结合起来，把正面引导与反面警示结合起来，尤其是把习近平总书记关于领导干部加强党性修养的要求贯穿到党性教育各个环节和所有活动中，增强了教育的针对性和实效性。学员们反映，通过这样的党性教育，灵魂受到了洗礼，情操得到了陶冶，境界得到了提高。这些思想认识上的收获反映在行动上，一个重要方面就是广大学员在校期间严格遵守校规校纪，住在宿舍、吃在食堂、待在校园，情趣健康、作风正派，民主生活会敞开心扉，党性分析思想深刻。不少学员说，党校姓党，党校是党员干部加强党性锻炼的熔炉，通过这次中央党校的学习，对此感受尤其深刻。

第三，深化了对中央大政方针和重大决策部署的认识，增强了同以习近平同志为总书记的党中央保持高度一致的自觉性和坚定性。学员们在党校学习期间，党和国家有许多大事、要事。如 APEC 会议在北京圆满召开，习近平主席出席 G20 峰会、访问多个国家，中央召开外事工作会议，中国展现了大国风范和外交新气象。如党的十八届四中全会胜利召开，开启了全面依法治国的新征程。如中央召开经济工作会议，对新常态下的中国经济发展作出全面部署。如中央查处了周永康、徐才厚、令计划等贪腐大案，中央纪委召开了四次全会和五次全会，坚定不移地推进党风廉政建设和反腐败斗争。凡此等等，都使学员们进一步了解了党中央治国理政的思路、理念和决心。党校的很多课程涉及党的十八大以来党中央制定的一系列发展部署、发展方略，从改革与发展 10 个专题以及相关讲座报告中，学员们深切感受到十八大以来新一届中央领导集体大气魄治党治国治军，大手笔运筹国内国际大局，推动改革发展稳定、内政外交国防各领域都出现崭新局面。大家对党中央提出的一系列治国理政新思想、新理念有了更加全面深刻的认识和体会。比如中国梦这个具有最大公约数和持久穿透力的奋斗目标；比如"四个全面"的治国理政方略图；比如经济新常态是一种状态、一种心态，也是一种理念、一种指导思想；比如国家治理体系和治理能力现代化；比如社会主义协商民主；等等。通过学习，大家对这些新思想、新理念，对中央的重大决策部署理解和把握得更加准确，表示要更加自觉地维护以习近平同志为总书记的党中央的权威，党中央提倡的坚决响应，党中央决定的坚决照办，党中央禁止的坚决杜绝。

第四，深化了对教学相长、学学相长的认识，学到了经验，收获了友谊。中央党校每个班次的学员，都来自祖国的四面八方，来自各个不同领域。有地方的也有中央机关的，有企业的也有高校的，部分班次还有来自军队的学员，每位学员都是一部大书，每位学员都是一座"富矿"。这种结构，客观上就有利于大家相互交流、相互借鉴、相互学习。在校期间，大家向老师学，教学相长，掌握了理论和知识；向同学学，学学相长，取人之长、补己之短。学员们赴井冈山、延安、山东临沂等地进行现场体验式教学，身临其境、触及灵魂，效果很好。大家还参加了多种形式的研讨交流，效果也很好，特别对从政经验交流、学员论坛等交流活动给予充分肯定，认为这些活动是思想信息的"超市"，经验方法的"市场"，理论切磋的"平台"。通过研讨交流，总结工作中的正误得失，分享工作中的规律性认识，充实了知识，开阔了眼界，提升了思维水平，增强了能力本领。在党校学习的日子里，同学相互之间、同学和教师之间、同学和组织员之间，朝夕相处、形影相随，播种下的真挚友谊同样是一份难得的收获。

这里需要特别提到的是，本期学员都十分珍惜在校的有限时间，听课专注，读书刻苦，勤于思考，不耻下问。大家踊跃参加和开展多种学习研讨交流活动，沉下心来"踱方步""冷思考"，很多学员在校期间写出了高水平的研究论文，有的学员学习期间发表论文 10 多篇，被称为"学习达人"。有些学员的研究成果，已被中央党校内部刊物采用，报送中央参阅。

在总结中，学员们对党校的教学、管理和服务工作给予充分肯定，同时也提出了宝贵意见和建议。对大家提出的建议，校委和有关部门将认真研究，形成意见，努力把党校的教学、管理、服务做得更好。

大家结束了中央党校的学习，就要返回工作岗位。最近，一位学员给我写信，介绍他的学习体会和学习成果。他在信的最后写道："我们在秋季来到中央党校这个美丽的校园，离开的时候已是隆冬，但春天就要来到。我会永远铭记这几个月的宝贵时光，会格外珍惜和老师、和同学们结下的深情厚谊，会永远珍惜党和人民的信任，恪尽职守、廉洁自律，为党的事业贡献自己的微薄之力。"我相信，这位学员的这段话也表达和反映了在座的全体学员的心声。希望毕业的学员们把在党校的学习收获转化为进一步做好工作的责任和本领，在各自的岗位上作出新的贡献。特别要时刻铭记和自觉践行习近平总书记提出的心中有党、心中有民、心中有责、心中有戒的要求，对党忠诚，为民奉献，敢于担当，清正廉洁，不辜负总书记和人民的期望。

（在中央党校 2014 年秋季学期毕业典礼上的主持讲话，原载《学习时报》2015 年 1 月 19 日）

"马上就办"是我们党优良传统和作风的重要体现

（2015 年 2 月 10 日）

党的十八大以来，习近平总书记把抓落实作为改进作风的关键，反复强调空谈误国、实干兴邦，强调一分部署、九分落实，强调发扬"钉钉子精神"，做到"抓铁有痕、踏石留印"，要求党员干部带头践行"三严三实"等。这些重要思想和工作要求，与"马上就办"精神是相通的。重温"马上就办"，对于推动学习贯彻习近平总书记关于改进作风、狠抓落实一系列重要论述向广度和深度拓展具有十分重要的意义。

一、"马上就办"是党的宗旨、思想路线、群众路线和党的优良传统在新形势下的重要体现

全心全意为人民服务是我们党的根本宗旨。为人民造

福、为群众谋利是党员干部的根本职责。"马上就办"的核心要义，是为人民办事、办人民的事的高度责任感，是把群众的事办实、让群众满意的强烈使命感。

党的思想路线是一切从实际出发，理论联系实际，实事求是，在实践中检验真理和发展真理。其实质与核心是实事求是。"马上就办"，首先有个怎么去办的问题，这就要深入实际了解掌握情况，及时把党和国家的方针政策与措施要求落实到工作中，落实到群众中，使之成为广大党员、干部、群众的自觉行动，这个过程就是坚持实事求是的过程。

群众路线是党的生命线和根本工作路线。"马上就办"，要求从人民利益出发，把群众安危冷暖放在心上，及时准确了解群众所思、所盼、所忧、所急，把群众工作做早、做实、做深、做细、做透；还要求进一步深入基层，了解群众的实际情况，倾听群众的呼声，根据群众的意见作出相应部署和决定，并和群众一起把部署和决定变成现实。所有这些，与贯彻群众路线的要求是完全一致的。

我们党在长期实践中形成了自己独特的优良传统和优良作风，如理论联系实际、密切联系群众、批评和自我批评等，对党和人民事业发展产生了巨大作用。"马上就办"正是党的优良传统和优良作风在今天的具体体现。"马上就办"的思想理念和工作作风能够经受住时间的考验，保持持久旺盛的生命力，其根源即在于此。

二、在协调推进"四个全面"战略布局中大力弘扬"马上就办"精神

"四个全面"是以习近平同志为总书记的党中央紧扣时代脉搏，观大势、谋大事作出的战略谋划。在协调推进"四个全面"战略布局中弘扬"马上就办"精神，既是客观需要，也是内在要求。

"四个全面"把全面建成小康社会作为战略目标，其着眼点就是实现和维护最广大人民群众的根本利益，让人民群众在改革发展过程中得到实实在在的利益，共享改革开放成果。人心是最大的政治。统筹推进"四个全面"，必须依靠13亿人民的智慧和力量，必须站在人民立场上把握和处理重大问题，从人民利益出发来制定实施重大决策。"马上就办"，体现的是"人民至上"的执政理念和亲民爱民为民的公仆情怀。弘扬"马上就办"精神，能够使我们始终站在人民的视角观察和思考问题，聚焦人民群众反映最强烈、最突出的问题制定改革举措，从而确保

我们的事业始终沿着正确方向前进。

党的十八大以来，习近平总书记反复强调"我们正在进行具有许多新的历史特点的伟大斗争，面临的挑战和困难前所未有"。协调推进"四个全面"，必然触及深层次利益格局调整，遇到的都是难啃的硬骨头，遭遇的阻力会越来越大，面对的暗礁、潜流、漩涡会越来越多。在全党大兴"马上就办"之风，能够坚定全面深化改革的决心，有利于冲破思想观念的障碍和突破利益固化的藩篱；能够增强全面依法治国的信心，坚定不移走中国特色社会主义法治道路；能够保持全面从严治党的恒心，坚持作风建设永远在路上，坚持猛药去疴、除恶务尽，保持反腐高压态势不减。

"马上就办"，强调的是一种时不我待的紧迫感、狠抓落实的责任感、勤政为民的使命感，提倡的是一种雷厉风行、紧抓快办的工作作风。在全体党员干部中弘扬"马上就办"精神，有利于增强机遇意识、责任意识、紧迫意识，提振干事创业的精气神，汇聚改革发展的正能量，增强推动"四个全面"战略布局的思想自觉和行动自觉。

三、做到"马上就办"需要以
过硬的能力作保障

实践证明，做到"马上就办"既需要体制机制保障，也需要能力保障，"马上就办"的制度机制和能力是推进国家治理体系和治理能力现代化的一个重要内容和组成部分。做到"马上就办"尤其需要强化以下三种能力。

一是练好"马上就办"的基本功，提高调查研究能力。"马上就办"是建立在对实际情况全面了解前提下的一种快速反应机制和科学决策机制。这就要不断深入实际、深入基层、深入群众，全方位、多层次、多渠道地调查了解情况，尤其对群众反映最强烈、需求最迫切的热点难点问题更要主动调研、抓住不放，确保听到实话、察到实情、获得真知、收到实效，防止和克服随意性及其造成的失误，提高决策的科学化水平，真正做到马上就办，办就办成，办就办好。

二是提高"马上就办"的本领，学习新知识，掌握新技能。我们面临的世情国情党情发生了深刻变化，人民群众的需求也发生了深刻变化，做到"马上就办"要有本领恐慌的危机感和增强本领的紧迫感，努力学习新知识，掌握新技能。尤其要深入学习贯彻习近平总书记系列重要讲话精神，准确把握"四个全面"战略布局的精神实质、辩证关系和科学内涵，直面改革发展中出现的难题，聚焦人民群众反映强烈的突出问题，研究新思路新对策。还要主动适应经济发展新常态，不断提升统筹协调能力和管控风险能力，积极创造政府治理和社会治理的新经验，探索服务群众的新路子，提升"马上就办"的真本领。

三是掌握"马上就办"的规矩，善用法治思维和法治方式。"马上就办"不是盲目蛮干，必须守住底线，明确界限，有所为，有所不为。这个底线和界限就是党纪国法和国家大政方针。要始终牢记法律红线不可逾越、法律底线不可触碰，不断提高运用法治思维和法治方式的能力，始终做到在法治之下、而不是法治之外、更不是法治之上想问题、做决策、办事情。坚持用法治思维谋划工作，用法治方式处理问题。要坚持"马上就办"的事项都于法有据，"马上就办"的过程都符合法律程序，"马上就办"的结果都经得起群众评价和实践检验。

（原载《秘书工作》2014 年第 2 期）

以习近平总书记系列重要讲话精神
为重点深化理论武装

（2015年6月23日）

马克思主义理论研究和建设工程是一个大手笔，是一项具有战略眼光的重大决策部署，它的重大作用和意义已经明显显现出来并且会进一步显现出来。党的十八大以来，按照云山校长的要求，中央党校作为工程主管单位，多方面、全方位参与工程工作，在用马克思主义中国化最新成果特别是习近平总书记系列重要讲话精神武装党员干部方面进行理论思考和实践探索，形成了一些共识和体会。

第一，必须以强化马克思主义理论教育和党性教育为主业，做好高中级干部的教育培训工作。党校的干部教育培训，理论教育是根本，党性教育是关键。二者共生互动，共同构成党校教学的灵魂。近年来，中央党校坚持以中国特色社会主义理论体系教学为中心，充分利用工程推出的新版译本和读物，加大马克思主义经典著作导读的课程数量，用足用活用好工程教材，营造了浓厚的理论学习氛围，取得了良好效果。特别是把学习贯彻习近平总书记系列重要讲话精神作为一项重大政治任务，在全校所有主体班次和研究生教学中突出对总书记系列重要讲话精神的学习，设立"习近平总书记系列重要讲话精神"教学单元和基本课程。我们努力做好讲话精神进教材、进课堂、进头脑工作，编辑并不断修改《习近平总书记党的十八大以来重要论述专题摘编》，印制了《习近平党校十九讲》等内部教材，供党校系统教学使用。我们把党性教育作为党校教学改革的重头戏，建立和完善党性教育课程体系，在每个主体班次都设置专门的"党性教育单元"，时间不少于总课时的 20%。我们的体会是，各级党校必须以理论教育和党性教育为主业，这是党校与普通高校最根本的不同。面对新的形势和任务，对领导干部一定要严格要求、严格教育，该灌输的还要灌输，该补的"钙"必须补够，这是党的事业要求和岗位需求，必须坚持下去，并且要不断改进方法、提高效果。

第二，必须以提高广大党员干部思想理论水平为己任，做好思想引领和舆论引导工作。回答深层次的思想理论问题，加强理论辨析引导，巩固壮大主流思想舆论，既是工程的基本任务，也是党校应有的责任担当。中央党校注重发挥"中国特色社会主义理论体系研究中心"的重要作用。近年来，以研究中心名义申报立项的国家社科基金课题、工程课题有近 20 项之多；以研究中心名义在中央媒体发表理论文章连续 6 年保持领先地位。尤其是围绕学习贯彻党的十八届三中、四中全会和习近平总书记系列重要讲话精神，我们组织了三个系列近 30 篇文章在《光明日报》集中刊发，取得了良好的社会反响。今年我们在《学习时报》连续刊发了"学习习近平总书记重要论述" 11 篇系列文章，《光明日报》、《新华文摘》等对多篇文章进行了摘登，新华网、人民网、光明网等中央主流媒体网站和微信平台予以转发。实践表明，注重发挥好报刊、网络及出版的优势，做到重大节点有声音、重大问题亮观点、重大时段搭平台，敢于亮剑，善于发声，就能够成为鲜明的思想旗帜。

第三，必须以马克思主义中国化基本理论的深度研究和学理阐释为重点，做好理论研究工作。以深化马克思主义学习研究特别是当代中国马克思主义学习研究为基础，深入思考解决党和国家事业发展重大理论和现实问题，是做好工程工作的根本所在。中央党校每年中标国家社科基金项目 30 多项，设立各类校级项目 100 多项，设置全国党校系统重点调研课题 200 余项，其中，以马克思主义基本原理特别是马克思主义中国化基本理论问题为选题的内容占据了相当比重。特别是中央党校把学习研究习近平总书记系列重要讲话精神作为全部研究工作的重中之重，与中宣部等单位联合召开了"学习贯彻习近平总书记系列重要讲话精神交流会"；召开了"深入学习贯彻习近平总书记系列重要讲话精神暨《干在实处　走在前列》理论实践研讨会"。近年来，学员对中央党校教学比较满意，一个重要因素是理论研究不断深化，并且重视理论创新成果的转化工作，特别是及时把研究成果引入课堂，有助于增强理论武装的针对性、时效性。

第四，必须以造就一支学术功底深厚、梯队结构合理的理论队伍为目标，做好人才培养工作。坚持既出成果又出人才，是工程的重要目标；凝聚和培养大批优秀人才特别是中青年人才，是工程的战略任务。中央党校拥有一批知名的马克思主义专家学者，仅作为咨询委员会委员、首席专家、主要成员参加工程工作的就有近 40 人，此外还有众多的教研骨干参加了工程各方面工作。为保障理论武装的人才供给，我们在积极引进高层次专业人才的同时，着重加强马克思主义理论相关学科带头人队伍建设，采取各种方式，培养更多的专家行家、名家大家；加强中青年马克思主义理论人才的培养，强化中青年教师和干部挂职锻炼、深入基层一线蹲点调研的力度，创造年轻人脱颖而出的机制和氛围。在继续办好哲学社会科学骨干研修班这一人才培养重要任务的同时，我们按照中宣部的安排实施了"马克思主义理论骨干人才培养计划"，目前第一批"百博"工程的招生录取工作正在顺利进行。我们尤其注重把理论人才培养与教学人才培养统筹推进，采取多种形式提高广大教师传道、授业、解惑的能力。

下一步，我们将按照这次会议和云山校长重要讲话精神，制定中央党校深入推进工程的具体方案，明确责任要求，完善工作机制，加大参与工程的深度和广度。

（在马克思主义理论研究和建设工程工作座谈会上的发言，原载《学习时报》2015 年 6 月 29 日）

做习近平总书记要求的县委书记

（2015 年 9 月 15 日）

　　不久前，中央文献出版社编辑出版了习近平总书记《做焦裕禄式的县委书记》一书。这本书收录了习近平总书记党的十八大以来关于县委书记队伍建设的 6 篇重要讲话，集中反映了以习近平同志为总书记的党中央对全国县委书记群体的深切关怀、严格要求和殷切期望。

　　为深入学习贯彻习近平总书记重要讲话，中央党校、人民出版社策划出版了《做焦裕禄式的县委书记丛书》。今天我们召开座谈会，请中央党校第四期县委书记研修班全体学员参加，就是交流学习总书记做焦裕禄式县委书记重要讲话的体会，推动这个学习不断向深度和广度发展。

　　刚才，五位县委书记结合自己的工作实际谈了学习总书记重要讲话的心得体会，王伯祥同志还谈了自己做县委书记的实践感悟，使我们对新时期如何当好县委书记有了更加立体真实的认识，听后很受教育。蔡赴朝同志的发言对习近平总书记重要讲话作了深入解读，让我们获益很多。下面，我简单谈三点认识。

第一，习近平总书记做焦裕禄式县委书记重要讲话，是党的十八大以来他一系列新思想新观念的重要组成部分。

党的十八大以来这三年，习近平总书记接过历史的接力棒，锐意进取、继往开来，实践上有一系列新部署新举措，理论上有一系列新思想新观念。理论上的新思想新观念，概括起来可以说就是"治国兴邦"四个字。"治国"，涵盖和归结了习近平总书记这三年来的全部理论思考和实践活动，表达和反映了长期执政的中国共产党在新的历史起点上推进国家治理现代化的政治追求和伟大实践；"兴邦"，突出体现了中国共产党带领人民实现中华民族伟大复兴的中国梦这一宏伟目标，集中彰显了习近平总书记致力于民族复兴、国家强盛、人民富裕的政治抱负和高远志向。治国兴邦，构成了以治国为手段、以兴邦为目标的逻辑关系和有机整体，是习近平总书记十八大以来一系列新思想新观念的核心内容。

治国兴邦，离不开治县兴县，离不开全国 2800 名县（市、区、旗）委书记带领人民一起奋斗。习近平总书记之所以对县委书记群体如此重视并如此多地发表重要讲话，我理解就是因为县域治理在整个治国兴邦大局中处于举足轻重的基础地位，须臾不可轻视，须臾不可放松。我们学习习近平总书记做焦裕禄式县委书记重要讲话，就要立足治国兴邦这一宏图大业，把它放到总书记整个思想理论体系中来理解来认识，这样才能站得高看得远，才能增强干好县委书记工作的使命感和紧迫感。

第二，习近平总书记做焦裕禄式县委书记重要讲话内涵丰富，深刻回答了县委书记为什么是"一线总指挥"、做什么样的"一线总指挥"和怎样当好"一线总指挥"问题。

《做焦裕禄式的县委书记》这本专集，从大的方面讲可以归纳为三个方面的内容。一是县委书记的定位。总书记指出，"在我们党的组织结构和国家政权结构中，县一级处在承上启下的关键环节，是发展经济、保障民生、维护稳定的重要基础，也是干部干事创业、锻炼成长的基本功训练基地"。县委是我们党执政兴国的"一线指挥部"，县委书记是"一线总指挥"，要谋几十万、上百万人的改革发展稳定大计，管千头万绪的事务，这个舞台足够大，做一名县委书记"是非常光荣、非常有意义的，也是非常不简单、非常考验本领的"。习近平总书记在多次讲话中，反复提到焦裕禄和谷文昌两位县委书记，点赞他们是县委书记的楷模。二是县委书记的标准。总书记强调，做县委书记就要把"四有"和"四个人"要求作为行为遵循和行动指南。做到心中有党，做政治的明白人；心中有民，做群众的贴心人；心中有责，做发展的开路人；心中有戒，做班子的带头人。三是怎样当好县委书记。总书记强调，县委书记这个岗位"官不大，责任不小、压力不小，这个官不好当"。当好县委书记，一定要既"接天线"又"接地气"，把强县与富民统一起来，把改革和发展结合起来，把城镇和乡村贯通起来，扎扎实实打好扶贫攻坚战。

学习总书记做焦裕禄式县委书记重要讲话，我感到必须扎扎实实学原文、读原著、悟原理，全面系统地理解，联系实际地领会，内化于心、外化于行，带头身体力行。大家知道，党的十八大作出了一个重要判断：新形势下，党面临的执政考验、改革开放考验、市场经济考验、外部环境考验是长期的、复杂的、严峻的，精神懈怠危险、能力不足危险、脱离群众危险、消极腐败危险更加尖锐地摆在全党面前。实践证明，特别是周永康、薄熙来、徐才厚、郭伯雄、令计划、苏荣等典型贪腐案件证明，党的十八大作出的这个判断是正确的。县委书记这个岗位，既是一个干事的岗位，又是一个风险大的岗位，必须经得起利益的诱惑、权力的考验。这里最重要的，就是真真正正把总书记系列重要讲话学习领会好、贯彻落实好，忠诚、干净、担当，做总书记要求的县委书记。

第三，中央党校要一如既往把习近平总书记系列重要讲话精神学习贯彻好，特别要把全国县委书记集中轮训这件大事抓好，不断提升县委书记研修班办班水平。

中央党校是党的重要思想理论阵地。贯彻落实好习近平总书记系列重要讲话精神，是我们义不容辞的责任和首要的政治任务。党的十八大以来，按照云山校长的要求，中央党校把学习习近平总书记系列重要讲话作为各个主体班次的主课来安排来实施，并确定了"1加4"的教学框架。"1"就是总书记讲话精神的总论，"4"就是总书记关于全面建成小康社会、全面深化改革、全面依法治国、全面从严治党这四个方面的论述。现在，这个"1加4"教学框架已推广到全国党校系统。中央党校还编辑了《习近平总书记十八大以来重要论述专题摘编》《习近平关于领导干部加强党性教育重要论述摘编》《习近平关于党校工作重要论述专题摘编》《习近平党校十九讲》等作为学员内部学习教材，受到学员和全国党校系统的普遍欢迎。这次同人民出版社一起，又策划出版了《做焦裕禄式的县委书记丛书》。这套丛书，着眼于促进领导干部特别是县委书记深入学习贯彻总书记做焦裕禄式县委书记重要讲话，包括人物榜样篇、素质能力篇和实践任务篇，可以作为学习领会总书记讲话的辅助阅读材料。下一步，我们将进一步加大习近平总书记系列重要讲话的宣传阐释力度，以更大的力度和更扎实的举措继续推动总书记讲话精神进教材、进课堂、进学员头脑、进党校各种媒体。我们还将充分运用党校报刊和网络平台等媒体进行宣传，切实推动总书记"四有"和"四个人"要求进学员头脑。

中央党校贯彻落实好习近平总书记系列重要讲话特别是做焦裕禄式县委书记重要讲话精神，很重要的一项工作就是办好县委书记研修班。去年下半年，党中央决定用三年多的时间在中央党校把全国所有在职县（市、区、旗）委书记轮训一遍。这个班每期两个月，是中央党校干部轮训的主体班次。自2014年11月开始已举办了三期，现在正在办的是第四期。受到中央组织部表彰的102名全国优秀县委书记，已有34名参加了前四期研修班的学习。这几期县委书记研修班，始终得到习近平总书记的亲切关怀和刘云山校长的精心指导，办班质量是高的，效果是好的，学员们是充分肯定的。下一步，我们要把深入学习贯彻习近平总书记做焦裕禄式县委书记重要讲话作为办班的主题和灵魂，在进一步提高县委书记研修班的办班质量上下更大功夫，特别要不断增强教学的针对性，力争把县委书记研修班办成中央党校的品牌班、示范班。

（在中央党校、人民出版社学习习近平总书记重要讲话暨《做焦裕禄式的县委书记丛书》出版座谈会上的发言，原载《学习时报》2015年9月17日）

中国特色社会主义文艺道路的光辉指南

（2015 年 10 月 13 日）

　　一年前，习近平总书记主持召开文艺工作座谈会并发表重要讲话。由此想到 73 年前毛主席在延安召开文艺座谈会并发表重要讲话。延安文艺座谈会不仅开启了人民文艺的新纪元，也创造性地建构了中国文艺乃至文化发展的"延安道路"。毛主席在那次讲话中提出的"为什么人的问题，是一个根本的问题，原则的问题"的重要思想，直接推动了"为人民大众书写"成为革命文艺和社会主义文艺的基本指导原则。习近平总书记这篇讲话，是新的历史条件下对毛主席延安文艺座谈会讲话精神的继承和发展，是中国当代文艺思想发展史上的纲领性文献。讲话深刻回答了在实现"两个一百年"奋斗目标和中华民族伟大复兴中国梦进程中，如何认识文艺、如何发展文艺、如何领导文艺、如何坚定不移走中国特色社会主义文艺道路这样一些根本问题，充分体现了我们党高度的文化自觉和文化自信，标志着我们党对中国特色社会主义文艺道路的认识达到了一个新的高度。

中央党校是学习研究宣传马克思主义的重要阵地，责无旁贷要在学习研究宣传习近平总书记系列重要讲话精神方面走在前列。中央党校召开今天这个座谈会，交流学习习近平总书记文艺工作座谈会讲话精神的认识和体会，晚上我们还将同陕西省委共同举办纪念习近平总书记文艺工作座谈会讲话一周年音乐朗诵会。举办这些活动，都是为了进一步推动讲话精神的贯彻落实，推动社会主义文艺事业繁荣发展。刚才各位艺术家、各位专家学者、各位学员、各位领导，结合自己的艺术实践和工作实践，从不同角度、不同侧面畅谈了对讲话丰富内涵和精神要义的理解，提出了许多进一步贯彻落实好讲话精神的意见建议，讲得很深刻、很精彩，充分表明大家对讲话的重大政治意义、重大理论意义和重大实践意义的认识是高度一致的。

中国特色社会主义事业，是亿万人民的事业。中国特色社会主义文艺，是书写和记录亿万人民伟大实践的文艺。坚持人民的文艺，就必须坚持为人民服务、为中国特色社会主义服务这个根本方向，这样才能使文艺发挥最大的正能量。习近平总书记在讲话中突出阐述了文艺与人民的关系，重申文艺创作的人民取向，定位文艺发展的人民坐标，明确提出要坚持以人民为中心的工作导向和创作导向。他反复强调，人民是文艺创作的源头活水，人民的需要是文艺存在的根本价值所在；文艺不能当市场的奴隶，不要沾满了铜臭气；不能在市场经济大潮中迷失方向，不能在为什么人的问题上发生偏差，否则文艺就会失去生命力和创造力。学习总书记讲话，我感到坚持以人民为中心是贯穿整个讲话的主线，抓住和把握了这条主线就抓住和把握了讲话的灵魂和精髓。坚持以人民为中心，就要把满足人民的精神文化需求作为文艺和文艺工作的出发点和落脚点，把人民作为文艺表现的主体，把人民的喜怒哀乐倾注在自己的笔端，把人民作为文艺审美的鉴赏家和评判者，把为人民服务作为文艺工作者的天职。

文艺工作座谈会一年来，整个文艺界大力倡导担当使命、大力倡导扎根人民、大力倡导创新求精、大力倡导健康批评、大力倡导崇德尚艺，在走进基层、深入生活方面出现了可喜变化，形成了良好态势；在确立以人民为中心的工作导向和创造导向方面，认识上有很大提高，行动上有很大进步。一年来，文学、戏剧、电影、电视、舞蹈、美术、书法、曲艺、摄影以及民间艺术、群众文艺等各个领域都呈现出繁荣景象。文艺工作者以充沛的热情、优美的旋律、感人的形象创作生产出了人民喜闻乐见的作品。凡此等等表明,总书记讲话的巨大指导作用已经显现并将随着时间的推移进一步显现出来。

习近平总书记明确提出,衡量一个时代的文艺成就最终要看作品,"最根本的是要创作生产出无愧于我们这个伟大民族、伟大时代的优秀作品"。我们衷心祝愿广大文艺工作者,祝愿在座的各位艺术家,在习近平总书记文艺工作座谈会讲话精神指引下,为发展和繁荣中国特色社会主义文艺作出新的更大贡献!

(在中央党校纪念习近平总书记文艺工作座谈会讲话一周年学习交流会上的发言,原载《学习时报》2015 年 10 月 15 日)

马克思主义发展观的
中国实践与中国创新

（2015 年 11 月 24 日）

党的十八届五中全会鲜明提出创新、协调、绿色、开放、共享新发展理念，具有重大的理论意义和实践意义。"十三五"规划建议紧紧围绕新发展理念谋篇布局，提出若干重大战略、重大工程、重大举措，因之成为一个有创新的发展理念作为灵魂而贯穿始终的、关于发展的纲领性文件。学习贯彻党的十八届五中全会精神，关键是要把新发展理念学习领会好、贯彻落实好。

新发展理念实现了对发展观的中国创新

发展是人类社会的永恒主题，发展也是马克思主义的永恒主题。从经济社会发展到人的自由全面发展，从西方社会开创资本主义生产方式的发展到东方社会跨越"卡夫丁峡谷"的发展,马克思主义发展观以其强大的逻辑力量和鲜明的立场情怀不仅科学地阐释了人类社会的发展,而且更有力地塑造了人类社会的发展。历史证明,马克思主义发展观从来不是抽象的教条,其现实形态总是在与具体国家、具体时代、具体实践相结合的过程中焕发生机、丰富发展的。马克思主义发展观的中国实践是马克思主义中国化的题中应有之义,中国共产党人正是在坚定不移坚持马克思主义发展观的同时,又用新的实践、新的创造不断丰富发展着马克思主义发展观。从50多年前社会主义建设初期毛泽东高屋建瓴的《论十大关系》,到30多年前改革开放之初邓小平英明提出"以经济建设为中心"和"发展是硬道理"的精辟论断,再到后来我们党强调发展是党执政兴国的第一要务,强调坚持科学发展、坚持全面协调可持续发展,中国共产党人对发展的认识不断深化,对发展的实践不断积累,马克思主义发展观随着实践、时代也不断地与时俱进。

发展观的科学和进步,铸就了发展实践的奇迹和发展成果的辉煌。制造大国的世界第一、经济总量的世界第二、对世界经济发展30%的贡献率、远超世界经济平均增长率3到4个百分点等等这些耀眼的指标,让中国"十三五"的发展已经站在了一个很高的起点上。但是新起点也伴随着新挑战，新目标更是提出新要求。如何在我国经济发展阶段性特征呈现重大转换、战略机遇期内涵发生深刻变化的背景下，适应新常态、把握新常态、引领新常态，不仅完美收官全面建成小康、完成第一个百年目标，而且未雨绸缪为第二个百年目标奠定良好基础，所有这些都迫切要求中国的发展要有新作为，发展观要有新突破。

党的十八届五中全会深刻总结国内外发展经验教训，深刻分析中国社会当前和未来发展大势，自觉运用共产党执政规律、社会主义建设规律、人类社会发展规律，在此基础上鲜明提出创新、协调、绿色、开放、共享新发展理念，用发展理念统领发展思路、发展方向、发展着力点，用发展理念彰显价值、重申立场、宣誓决心，再一次实现了马克思主义发展观的时代创新，也开辟了当代中国发展的新境界。

新发展理念彰显对发展价值的历史自觉

为什么发展，实现什么样的发展，是人类社会在发展历程中面临的首要问题，更是当代中国共产党人必须解决好的首要问题。发展当然是硬道理，发展毫无疑问是第一要务，但发展本身不是也不能成为目的，发展必有其目的归宿，发展必有其价值指向。价值指向不同，发展结果迥异。

就当代中国社会来说，发展既不能是为发展而发展，更不能是为少数人发展，我们的发展过程一定要人人能参与、人人都尽力，我们的发展成果一定要人人可享有。正如习近平总书记所指出的，人民对美好生活的向往，就是我们的奋斗目标。把人民的期待变成我们的行动，把人民的希望变成生活的现实，让人民群众有幸福感、获得感，这就是我们中国共产党人致力于发展的价值取向和根本目的所在。"十三五"发展坚持以人民为中心的发展思想，把坚持人民主体地位摆在发展的指导原则之首，用共享发展为发展理念筑基兜底，先后衔接，相互呼应，彰显了中国共产党人对发展价值的历史自觉。

马克思在《1857—1858 年经济学手稿》中有这样一段论述："在一切社会形式中都有一种一定的生产决定其他一切生产的地位和影响，因而它的关系也决定其他一切关系的地位和影响。这是一种普照的光，它掩盖了一切其他色彩，改变着它们的特点。"在"十三五"发展中，以人民为中心就是这样一种"普照的光"。在它的普照之下，创新发展是为了给人民群众创造更高水平、更有质量的生活，协调发展是为了让不同地域、不同民族的人民群众都能与整个国家的发展保持大体同步，绿色发展是通过形成人与自然和谐发展回应人民群众对美好生活的追求，开放发展让人民群众在更大范围内、在更高水平上分享经济全球化带来的巨大红利，共享发展更是中国特色社会主义本质在发展领域的展开，让中国社会的发展朝着共同富裕的方向稳步前进。

发展为了人民，发展依靠人民，有了这样的发展理念，不论是全面脱贫还是居民收入同步增长乃至全民参保、普及高中阶段教育等等这些事关人民群众最关心最直接最现实利益的政策设计，在"十三五"发展战略中就会水到渠成。

新发展理念体现对发展规律的科学遵循

发展不能想当然，发展更不能蛮干，必须遵循经济规律、自然规律、社会规律等发展规律。遵循经济规律讲的是发展的科学性。习近平总书记指出，一个国家经济增长，有快有慢是正常的，不能说只能加速、不能减速，这不符合经济规律。遵循自然规律讲的是发展的可持续性，要始终牢记绿水青山就是金山银山，"像保护眼睛一样保护生态环境，像对待生命一样对待生态环境"。遵循社会规律讲的是发展的包容性，让更多人共同享有人生出彩的机会，共同享有梦想成真的机会，共同享有同祖国和时代一起成长与进步的机会。

新发展理念充分体现了对发展规律的科学遵循与正确运用：

——要在我国发展动力转换过程中做到"换挡"不失速，不可能总是依靠惯性，必须有新引擎，这引擎来自创新，因为创新是引领发展的第一动力；要在国际发展竞争日趋激烈环境中拔得头筹，不能总是因循守旧，必须有新突破，这突破同样离不开创新，所以创新居于国家发展全局的核心位置。

——发展是一个系统工程，必须全国一盘棋，善于"弹钢琴"。保持经济社会、城乡区域、软实力硬实力、"新四化"以及经济国防等等各种重大关系协调推进，这是发展的基本方式，只有这样才能有效避免发展不平衡问题，增强发展整体性。

——告别了发展的最初级阶段，解决了生存的最基本需要，绿色发展自然进入发展视野。经济要上台阶，生态文明也要上台阶，在大厦林立、车水马龙的同时还要"望得见山、看得见水、记得住乡愁"。建设美丽中国是我们的使命，保障全球生态安全是大国的担当。

——作为国家繁荣发展的必由之路，开放发展是中国过去30多年的成功经验，也是未来发展的当然选择。只不过在全球经济版图深刻变动的大背景下，开放是双向开放，市场是深度融合，模式是内外联动，中国社会不仅要提高在产品制造上的话语权，更要积极参与全球经济治理和公共产品供给，提高在全球经济治理中的制度性话语权。

——通过共享让人民群众感受到公平正义进而满足人民期待当然是中国社会发展的最高指向，但反过来，对公平正义的追求和人民群众需求的被满足又将极大激发人民群众的积极性和创造性，并转化为最强大的发展动力。

新发展理念是对科学发展观的坚持与发展

科学发展观科学地回答了实现什么样的发展、怎样发展这一事关当代中国发展的根本问题，是中国共产党人进入新世纪以来对发展认识所达到的最高水平、所取得的最新成果，是马克思主义关于发展的世界观和方法论的集中体现。新发展理念是针对我国发展中的突出矛盾和问题提出来的，集中体现了新的发展环境和发展条件下我国发展的思路、方向和着力点，进一步深化了我们党对经济社会发展规律的认识。

新发展理念坚定不移地坚持了科学发展观。无论是强调坚持以经济建设为中心还是重申发展是第一要务，无论是突出问题导向还是着力体制机制，新发展理念与科学发展观从价值指向、立场情怀到思维模式、策略选择等各个方面都是高度一致、一以贯之、一脉相承的。科学发展观的核心是以人为本，新发展理念同样把以人民为中心作为发展必须坚持的首要原则与根本思想。解放思想、实事求是、与时俱进、求真务实是科学发展观最鲜明的精神实质，同样也是新发展理念最突出的实践品格。

新发展理念又创造性地丰富和发展了科学发展观。坚持是为了发展，发展是最好的坚持。尽管我国仍处于并将长期处于社会主义初级阶段的基本国情没有变，人民日益增长的物质文化需要同落后的社会生产之间的矛盾这一社会主要矛盾没有变，我国依然是世界上最大发展中国家的国际地位没有变，我国仍处于发展重要战略机遇期没有变。但是与新世纪之初相比，在发展的阶段性特征中又呈现出了新的特征，战略机遇期的内涵也发生了深刻变化，由此指导我国发展的理念也需要相应地变化。

新发展理念以新迎新，以变应变，用新的内涵丰富科学发展观，用新的实践深化科学发展观，用新的创造发展科学发展观。在这里，创新发展不再仅仅是建设创新型国家这样一个单项指标，而是要"让创新贯穿党和国家一切工作，让创新在全社会蔚然成风"；协调发展也大大拓展了新内涵，要求硬实力与软实力相协调，"在增强国家硬实力的同时注重提升国家软实力"；至于从生态文明高度推进的绿色发展，注重提高"在全球经济治理中的制度性话语权"的开放发展，以及使全体人民"有更多获得感"的共享发展等等，也都以新的内涵和要求使科学发展观焕发出新的光辉，引领着新实践的辉煌。

新发展理念推动对发展全局的深刻变革

在经济新常态背景下，随着发展方位、发展环境、发展条件的变化，中国社会在过去数十年中已经适应、习惯的发展方式越来越力不从心、越来越不管用甚至不能用了。但近些年来中国发展方式的转变却步履艰难。究其原因，除了路径依赖的行为惯性外，不敢转、不想转的心态也在拖后腿，因循守旧的发展理念甚至还会有意无意去固化一些不合理的体制机制与行为模式。

习近平总书记指出，发展理念是发展行动的先导。要实现发展实践的变革，必须确立新的发展理念，用新的发展理念引领发展行动。正是在这个意义上，我们讲新发展理念既是事关我国发展全局的一场深刻变革，又会进一步推动我国发展全局的深刻变革。

首先是发展方式的深刻变革。"中国制造2025"的实施将推动工业制造业转型升级，"制造强国"呼之欲出；"互联网+"推动信息化与工业化深度融合，新技术新概念新业态方兴未艾；"大众创业、万众创新"不仅是中国经济繁荣的"新引擎"，还会成为社会和谐有活力的"新引擎"。把这一切整合起来就是迈向工业4.0的全新经济发展范式，有的学者甚至称之为中国的"新工业革命"。

还有发展体制的深刻变革。从促进创新的体制架构到城乡发展一体化体制机制，从最严格的环境保护制度到开放型经济新体制，以及更加公平更可持续的社会保障制度、覆盖城乡的基本医疗卫生制度和现代医院管理制度，甚至还包括党领导经济社会发展工作体制机制等等一些基础性制度体系，都将在新发展理念引领下更加成熟更加定型。

这样的变革还会体现在社会心态、行为模式、交往方式、利益格局等更多的方面。归结起来一句话：新理念引领新变革，新变革造就新发展。只要把新发展理念真正树立起来并切实贯彻下去，中国社会的发展必将以新战略赢得新优势，以新作为开拓新境界。

（在"中国马克思主义论坛 2015"暨中央党校培训部学员论坛上的开题演讲，原载《学习时报》2015 年 11 月 26 日）

新形势下做好党校工作的纲领性文献

——学习习近平总书记全国党校工作会议重要讲话

（2015 年 12 月 21 日）

　　这次全国党校工作会议是党校事业发展中一次具有里程碑意义的重要会议。习近平总书记在会上发表重要讲话，精辟论述了新形势下党校工作的重大意义、根本原则、主要任务和基本要求，深刻回答了事关党校长远发展的一系列重大问题。正如刘云山校长在会议总结讲话中所指出的，总书记讲话思想深刻、观点鲜明、切中要害，是指导做好新形势下党校工作的纲领性文献，对加强党的建设、意识形态工作，对做好党和国家全局工作都具有重要指导意义。

深入学习贯彻习近平总书记关于党校工作重大意义的重要论述，切实解决好"为什么办党校"的问题，进一步增强做好党校工作的使命感责任感紧迫感

完备的党校体系，是中国共产党重要的执政特色和独特优势。世界上没有哪一个政党像我们党这样，从中央到地方到基层建立起覆盖广泛、组织完备的党校体系，注重发挥党校在全党工作的作用。党校的办学成就，不仅党内国内广泛认可，国际上的有识之士也赞誉有加，称之为中国共产党成功的"秘密武器"。这从一个侧面说明了党校在党的事业中的重要地位和独特作用。

为什么党校对我们党如此重要？因为我们党是一个集中统一的马克思主义政党，党在思想上的统一、政治上的团结、行动上的一致是党的事业不断发展壮大的根本所在。而要形成思想上政治上行动上统一的好局面，需要从多方面着力，其中很重要的就是办好用好党校。通过党校对各级领导干部进行系统化教育、集中化培训，不断提高干部的思想理论素质和政治素质，不断提升干部的领导水平和工作水平，进而奠定全党思想统一、政治团结的基

础，我们党才能保持步调一致，党的事业才能不断取得胜利。习近平总书记在讲话中深情回顾了党校在中央苏区时期、延安时期、新中国成立前后、改革开放以来的重要作用和重大贡献，深刻阐述了党校在培养领导干部、推动党的事业发展中的特殊重要地位，有力回答了"为什么办党校"的问题，为我们深化对党校工作重要性的认识提供了历史依据和思想指导。

现在，我国进入了全面建成小康社会的决胜阶段，我们党正带领人民进行具有许多新的历史特点的伟大斗争，形势环境变化之快、改革发展稳定任务之重、矛盾风险挑战之多、对党治国理政考验之大都是前所未有的。越是任务和目标宏伟艰巨，越是国内外环境错综复杂，越要重视发挥领导干部这个"关键少数"的重要作用，越要培养造就具有铁一般信仰、铁一般信念、铁一般纪律、铁一般担当的干部队伍。怎样培养造就这样的干部队伍？很显然，负有为领导干部补钙壮骨、立根固本之责的各级党校，承担着光荣的使命和艰巨的任务。

目前，全国共有省级党校34所，副省级党校15所，市地级党校365所，县级党校近2500所，拥有近10万教职工，另外不少党政部门、国有企业、高等学校和部队等也办了党校。这支宏大的队伍富集人才资源、学术思想资源、系统资源、学员资源，是难得的执政资源。把这笔执政资源用好用足用活，真是一支了不得的巨大力量。从这个意义上说，爱护党校就是爱护党的执政资源，重视党校就是重视党的执政地位，发挥党校作用就是发挥党的政治优势。

现实情况是，面对新形势新任务，党校工作还有许多不适应的地方。主要是：不重视党校工作的现象还比较普遍，党校工作还存在"说起来重要、做起来次要、忙起来不要"的问题；放松主业主课、理论教育和党性教育针对性实效性不强的问题；思想理论领域话语权缺失的问题；师资队伍存在"先天不良"和"倒挂"的问题；县级党校运转难维持、人才难稳定、教研难开展的问题；等等。这些问题严重制约党校事业发展和党校作用发挥，必须认真解决。习近平总书记在讲话中对党校工作面临的困难和问题进行了深刻分析，振聋发聩、催人警醒，为加强和改进党校工作指明了主攻方向。

深入学习贯彻习近平总书记关于党校姓党的
重要论述，切实解决好"办什么样的党校"的问题，
把党校姓党原则全面贯穿党校工作始终

党校姓党是党校办学经验的最高概括，是党校最闪光的精神气质，也是党校工作的灵魂和根本原则。习近平总书记兼任中央党校校长五年间反复强调党校姓党，他就党校工作发表一系列重要讲话，作出一系列重要指示，形成了系统的治校思想和治校方略，其主线和核心就是坚持党校姓党。在这次全国党校工作会议上，习近平总书记结合新的实际精辟阐述了党校姓党的科学内涵和基本要求，把这个问题进一步讲全了、讲清了、讲透了，具有根本指导意义。

在全面建成小康社会决胜阶段的新形势下，党校工作的加强和改进，党校事业的发展和进步，归根到底取决于能不能坚持党校姓党、能不能把党校姓党贯穿党校工作始终。评价党校的办学水平、教学科研水平和学术水平怎么样，归根到底要用贯彻执行党校姓党原则的实效来衡量、来检验。

坚持党校姓党，首先要高举党的旗帜，坚持党校姓"马"姓"共"。我们党之所以叫共产党，就是因为党是以马克思主义为指导、以实现共产主义为最高纲领的。党校是党教育培训执政骨干的学校，党校教师是党直接掌握的教师队伍。党校坚持以党的旗帜为旗帜、以党的意志为意志、以党的使命为使命，在党校的课堂、讲坛、论坛上旗帜鲜明地讲马克思主义、讲中国特色社会主义、讲共产主义，旗帜鲜明地讲党的性质、讲党的宗旨、讲党的传统、讲党的作风，既天经地义，更责无旁贷。如果我们党不讲马克思主义、不讲共产主义，还是共产党吗？如果党校不讲马克思主义、不讲共产主义，还能叫党校吗？党的十八大以来，党中央实施马克思主义理论骨干人才计划，确定中央党校每年从高等学校青年教师和党政机关青年干部中招收 100 名马克思主义理论专业博士生进行培养，并且批准中央党校成立马克思主义学院，这些都是坚持党校姓"马"姓"共"的重要举措，也是对中央党校的信任和鞭策。我们要坚持把党校姓党作为立校办学之本，统领党校一切工作，贯穿党校事业各个方面，融入党校教职工和学员的思想与行动中，使大家坚定对马克思主义的信仰，对中国特色社会主义和共产主义的信念，对党和人民的忠诚。

坚持党校姓党，说到底就是要在思想上政治上行动上自觉同党中央保持高度一致。习近平总书记在讲话中明确提出了"看齐意识"，特别强调：不断把领导干部集中到党校来学习培训，一个重要目的就是帮助大家向党中央看齐。党校向党中央看齐了，才能引导来到这里的学员向党中央看齐；如果党校都没有看齐，又如何引导学员向党中央看齐。这些重要论述告诉我们，坚持党校姓党必须增强向党中央看齐意识，保持看齐自觉，时刻警醒、及时纠偏，防止不看齐、看不齐现象，做到党中央作出的决策迅速贯彻、关注的问题深入研究、交付的任务认真完成。要严守党的政治纪律政治规矩，把握好政治立场坚定性和科学探索创新性的有机统一，处理好学术研究和理论宣传的关系，处理好言论自由和政治纪律的关系，做到学术研究无禁区、课堂讲授有纪律、公开言论守规矩，带头维护党中央权威。

恩格斯在《论权威》一文中指出："把权威原则说成是绝对坏的东西，而把自治原则说成是绝对好的东西，这是荒谬的。"列宁曾经指出："造就一批有经验、有极高威望的党的领袖是一件长期的艰难的事情。但是做不到这一点，无产阶级专政、无产阶级的'意志统一'就只能是一句空话。"历史和现实表明，一个成熟的马克思主义政党，一定要最充分地发挥人民群众的伟大创造力，同时要最明确地维护党的领导集体的权威。我们党有 8700 多万党员，这么一个超大规模的党，如果不维护民主基础上的集中统一的权威，全党就不可能有统一意志和统一行动，非出问题不可。所以邓小平同志对维护中央权威特别关注，多次强调：中央要有权威，没有权威，局势就控制不住。中央定了措施，各地各部门就要坚决执行，不但要迅速，而且要很有力。他还强调：任何一个领导集体都要有一个核心，没有核心的领导是靠不住的。今天，我们正在为夺取全面建成小康社会决胜阶段的伟大胜利而努力奋斗。在如此重要的关键时段，全党尤其要自觉维护以习近平同志为总书记的党中央的权威，这是党的事业发展的客观需要，是全党全国人民最高利益之所在。在这个重大原则问题上，我们党校人脑子要特别清醒、眼睛要特别明亮、立场要特别坚定，绝不能有任何含糊。

深入学习贯彻习近平总书记关于主业主课和职责定位的重要论述，切实解决好"党校干什么"的问题，充分彰显党校的优势和特色

党校是党委直接领导下培养党员领导干部和理论干部的学校，是学习研究宣传马克思主义的重要阵地，是党委的重要部门，是党的哲学社会科学研究机构。习近平总书记在讲话中从突出主业主课、搞好思想引领、推进理论创新、加强智库建设等方面进一步阐释了党校的职责定位，科学回答了"党校干什么"的问题，为新形势下党校全面发挥作用提供了基本遵循。

党校干什么？最重要的就是干好党的理论教育和党性教育这个主业主课。习近平总书记强调：领导干部到党校学习，主要任务是学习党的理论、接受党性教育；如果党校把党的理论教育和党性教育这个主业主课放松了甚至荒废了，搞了很多其他方面知识、技能、兴趣的东西，那就会喧宾夺主，甚至会在政治方向上发生偏差。主业主课，数量指标是什么？就是党的理论教育和党性教育这两门课，在中央党校和省级、市级党校教学安排中不低于总课时的70%，其中党性教育课不低于总课时的20%。现在的党员干部普遍学历层次高、知识水平高，但不少人马克思主义理论修养不足、实践锻炼不足、党性修养不足。这"三个不足"，要求各级党校务必要切实做强做优党的理论教育和党性教育这个主业主课，提高主业主课这个党校的看家本领，帮助学员掌握马克思主义理论这个看家本领，使党校真正成为培训和提高党员干部的神圣红色殿堂。

党校要干好提升思想引领力和话语主导权这项职责任务。当今时代，社会思想观念和价值取向日趋多元，主流的和非主流的同时存在，先进的和落后的相互交织，社会思潮纷纭激荡。党校不是世外桃源，党校学员来自四面八方，听到的、看到的问题很多，意识形态领域的许多重大问题都会在党校汇聚。习近平总书记强调，争取国际话语权是我们必须解决好的一个重大问题，党校要在加强思想理论引领、掌握话语主导权方面发挥重要作用。这就给党校赋予了新的使命任务。我们要充分发挥党校的学科优势、人才优势和系统优势，加强力量协调，优化资源整合，弘扬主旋律、传播正能量，努力在及时发出中国声音、鲜明展现中国思想、响亮提出中国主张上有更大作为。特别要加强对各种社会思潮的辨析和引导，坚持在重大政治原则和大是大非问题上净化"噪音"、"杂音"，敢于发声亮剑，善于解疑释惑、激浊扬清，使党校成为鲜明的思想旗帜。

党校还要干好推进理论建设和理论创新这项职责。思想先进才能成大事，理论科学才能得胜利。没有理论上的成熟和创新，谈何话语主导权？谈何思想引领力？习近平总书记对党校的理论建设高度重视，希望党校根据时代变化和实践发展，加强理论总结和理论创新，在党的思想理论研究方面有所作为。这是对党校工作提出的新要求。各级党校都要有强烈的担当精神，充分发挥马克思主义基本理论学科优势，弘扬理论联系实际学风，积极参加马克思主义理论研究和建设工程，深入实施马克思主义理论骨干人才计划，加强党的基本理论研究，加强习近平总书记系列重要讲话精神研究，加强对"四个全面"战略布局和新发展理念研究，加强对基础理论和重大现实问题研究。尤其要强化问题导向、实践导向、需求导向，深入研究和着力回答习近平总书记在讲话中提出的"十三个如何"的重大问题，深入研究和着力回答广大学员普遍关注的深层次问题，从理论和实践的结合上作出有说服力的回答，为发展21世纪马克思主义、当代中国马克思主义作出积极贡献。

为党委和政府提供决策服务，发挥党校的智库作用，是习近平总书记对党校工作提出的又一项职责任务，党校必须干好、经过努力也能够干好。党校系统有发展智库的很多资源，学科设置比较完备，专家学者较多，特别是来自各地区各部门各领域的学员资源丰富，可以形成教学相长、学学相长、共生多赢的优势，这些都是发展智库的天然平台。中央党校和省级党校，要聚焦党和国家中心工作、党委和政府重大决策部署、社会热点难点问题进行深入研究，及时反映重要思想理论动态、提出有价值的对策建议。特别要注意发挥党校学员熟悉基层和工作一线情况的优势，建立和创新学员参与决策咨询机制，加强党情政情社情信息反映和研究；发挥党校的系统优势，建立全国党校系统智库建设协作机制，确立决策咨询模式和智库成员管理模式，整合资源、上下联动，提高决策咨询服务水平，努力使党校成为出思想、出成果、出人才的新型智库。

深入学习贯彻习近平总书记关于党校师资队伍建设和党委主体责任的重要论述，切实解决"怎样办好党校"的问题，聚精会神把党校办出新气象

党校要办好，最重要的必须有一支高素质教师队伍。党校不是一般学校，而是传承党的精神命脉的神圣殿堂；党校的教学对象也不是一般学生，而是党的领导干部，是社会中的先进分子。这样的不一般，就对党校教师素质有了更高的标准。所以习近平总书记多次指出：在党校所有财富中，教师和其他各类人才是最宝贵的财富；在党校所有资源中，优秀教师和优秀人才是最急需的资源。

对党校教师来说，首先要做到自觉坚持党校姓党、党校教师姓党，始终保持对党忠诚。党校教师从事的是补精神之钙、固信仰之本的工作，是党的"布道者"，这个道就是马克思主义之道。党校教师自己首先要在信仰信念上坚定不移，要有"布道者"的风骨和本色，否则讲再多的道理也不会有说服力。党校教师又是党的"熔炉工"，既要靠党的真理力量去引导人，也要靠自己的人格力量去

感染人，在自身党性锻炼上要更加严格，在党性品格上要更加纯洁，这样才能影响和带动学员。所有这些，都要求大力提升党校师资队伍的整体素质。这里很重要的，是建立健全科学有效的人才激励机制，以学科学术带头人为主体，着力培养政治强、业务精、作风好的知名教师，培养造就一批马克思主义理论大家，培养造就一批忠诚于马克思主义、在学科领域有影响的知名专家。

领导干部到党校讲课，对提高党校教学水平乃至办学水平十分重要。延安时期，毛泽东同志亲自到中央党校讲课，讲了 16 次。习近平总书记在兼任中央党校校长期间，去党校讲过 19 次开学第一课，党的十八大之后又去讲过多次。《中共中央关于加强和改进新形势下党校工作的意见》，习近平总书记在全国党校工作会议上的讲话，都对领导干部到党校讲课作出了制度性安排，明确规定中央领导同志带头到中央党校讲课，省、市、县党委领导班子成员每人每年至少到同级党校讲一次课。而且还明确规定：每年领导干部讲课总课时，占各级党校主体班次总课时的比例不低于 20%。这些刚性要求，对推动各级领导干部到党校讲课一定会起到重要作用。

党校要办好，说到底是个责任问题。各级党委是办党校管党校建党校的主体，党委书记是办党校管党校建党校的第一责任人，只有坚持党委办党校、党委管党校、党委建党校，党校才能真正办好。习近平总书记对加强和改进党委对党校工作的领导提出了明确要求，特别是进一步明确了党委的主体责任，为办好党校提供了有力的领导保障。各级党委落实主体责任，首先要落实好把方向的责任，始终坚持党校姓党根本原则，推动党校强化主业主课、彰显独特优势、发挥应有作用；其次要落实好统筹指导的责任，把办好党校作为履行党建责任制的重要抓手，列为党建工作年度目标考核的重要指标；还要落实好建班子用干部的责任，把党校作为培养锻炼干部的重要阵地，选优配强党校领导班子，推动党校工作发展。

党校要办好，必须坚持与时俱进，坚持改革创新。针对党校办学面临的困难和问题，习近平总书记在讲话中提出了一系列创新思路。比如：在加强党性教育方面，提出党性教育单元要加大力度、增加分量，安排足够时间，形成党性教育课程体系，改进教育方式方法，提高教育实效。在改进党性教育方式方面，提出要注意发挥先进典型作用，多请先进模范人物来现身说法，把革命烈士感人至深的文章、诗文、家书编辑成册，用于干部教育；同时要加强警示教育，把一些反面典型跌入违纪违法泥坑的教训给大家说透，让人们引为镜鉴、自觉自律。在评价党校办学成就方面，提出党校评价学术水平、教学质量、评定职称等都要形成正确导向，不要太在乎外国人会怎么样评价，他们说好或者不好不是我们对党校评价的主要参照系。在教师培养方面，提出要加大党校教师到党政机关或基层挂职锻炼力度，实行蹲点调研制度，组织党校教研人员到基层一线深入了解实际，加深对国情党情的认识，增强分析和解决问题的能力。在改善教师待遇方面，提出要探索建立既区别于公务员又不同于普通事业单位的党校教师管理体系，增强党校教师岗位吸引力。在提升教师素质方面，提出要探索建立符合干部教育培训特点的师资准入和退出机制、师资考核评价体系和职称评定、岗位聘任办法，推行教师竞争竞聘上岗，建立岗位等级、工作业绩与薪酬福利挂钩机制。在优化师资结构方面，提出要加强党校与其他党政机关和单位的干部交流力度，畅通人才双向交流渠道，促进学界与政界的双向互动，支持学术造诣精深的党政官员应聘到党校担任教职，可以保留其原有的身份、职级。这些创新思路的具体实施，将极大地增强党校教师的自豪感，极大地激发党校的内在活力，极大地推动党校办学质量和水平的提高。

（原载《学习时报》2015 年 12 月 21 日）

十八大以来中国共产党人治国理政大方略

（2016 年 1 月 28 日）

十八大以来这三年，是中国社会面貌发生深刻变革的三年、中国社会精神状态重新振起的三年、中国社会发展道路精确导航的三年，也是在实践基础上不断推进理论创新、形成一系列治国理政新理念新思想新战略的三年。当代中国共产党人顺应人民期待、回应时代要求，勾勒出实现国家治理现代化进而实现中华民族伟大复兴中国梦的大方略，科学回答了当代中国治国理政的四大基本问题。

梦想：建设一个什么样的国家

建设一个什么样的国家，是中国共产党治国理政首先要回答的问题，事关国家发展远景、目标与价值。十八大之后不久，习近平总书记在参观"复兴之路"展览时，提出实现中华民族伟大复兴的中国梦，为中国社会发展树立了旗帜，描绘了愿景，制定了目标。

中国梦，把中国过去、现在和未来的探索紧密联系在一起，把国家富强、民族振兴和人民幸福紧密联系在一起，进一步明确了中国特色社会主义建设的总任务、总布局和总目标。鸦片战争后的百余年，中华民族遭受的苦难之重、付出的牺牲之大，都是世所罕见的。一批又一批志士仁人为了实现中华民族伟大复兴，前仆后继、奋起抗争，并围绕中国应该选择什么样的道路、应该朝着什么方向发展进行了艰苦卓绝的探索和尝试。只有在中国共产党领导下，把马克思主义同中国具体实践相结合，才使中华民族的历史命运发生了根本性变化。中国梦把近代以来志士仁人的探索与中国共产党人的探索有机地联系在一起，把党领导人民进行革命、建设、改革的探索有机地联系在一起。这个梦，就是在社会主义初级阶段背景下实现中华民族的伟大复兴，在发展中国家基础上建设社会主义现代化国家，在13亿乃至更多人口的国度中逐步实现全体人民共同富裕，在经济全球化、世界多极化格局中实现大国和平崛起。所有这些，都是前所未有的全新事情、全新探索、全新实践。从这个意义上说，中国梦也是人类社会前所未有的一个崭新的梦。

正因为"崭新",如何做到复兴而不是复古,崛起而不是威胁,中国梦必须用中国特色社会主义来为其界定内涵、塑造灵魂、彰显本质。习近平总书记对这个问题作了精辟论述,概括起来就是:实现中国梦,必须坚定不移走中国特色社会主义道路,不断增强对中国特色社会主义的道路自信、理论自信、制度自信;必须弘扬以爱国主义为核心的民族精神和以改革创新为核心的时代精神,不断增强建设中国特色社会主义的理想信念和精神动力;必须凝聚全国各族人民大团结的中国力量,不断增强13亿人心往一处想、劲往一处使的聪明才智和磅礴伟力。中国道路、中国精神、中国力量的内在有机统一,为中国梦的实现指明了现实路径、精神支撑和动力源泉,必将激励中国人民在华夏大地上谱写更加精彩的"中国故事"。

实现中华民族伟大复兴需要进行时空的大幅压缩与跨越,我们要用几十年时间去走西方发达国家几百年走过的发展历程,这就决定了中国道路必须是一条赶超之路、跨越之路。为了赶超和跨越,我们所走的道路必须能够集中力量办大事。"中国道路"的内在机理与运行模式决定了它可以形成强大的统一意志和组织力量,让全国成为一盘棋,把一切经济政治社会资源统统组织调动起来,同心同德、同舟共济,上下贯通、统一行动,重点攻关、解决难题，快速高效应对各种突发事件和完成各种任务。而且，这条道路是一条我们自己走出来的路。90 多年的开辟、60 余年的探索、30 来年的实践，经历了艰辛探索、曲折徘徊，也经历了凯歌突进、勇往直前，各种酸甜苦辣都品尝过，各种艰难险阻都跨越过，正是这丰富的经历让我们对这条道路心中有数。不仅如此，习近平总书记还强调中国道路"是在对近代以来 170 多年中华民族发展历程的深刻总结中走出来的，是在对中华民族 5000 多年悠久文明的传承中走出来的"。从历史和文明的层面阐述中国道路的源远流长，将中国道路上溯 5000 多年，意味是极其深长的。

中国梦不仅属于中国，也属于世界。习近平总书记 2013 年 3 月在莫斯科国际关系学院发表演讲时指出："中国发展壮大，带给世界的是更多机遇而不是什么威胁。我们要实现的中国梦，不仅造福中国人民，而且造福各国人民。"他在 2014 年 11 月的第二次中央外事工作会议上，进一步为中国梦赋予了富有时代特征和世界意义的定语："中国梦是和平、发展、合作、共赢的梦。"忆往昔，中华民族对世界的最大贡献绝非仅仅是经济富庶与国力强盛，而是文明的传播与文化的弘扬，当代中国同样需要在文明的传承昌盛创新方面再为世界作出新的贡献。因此，中华民族伟大复兴最根本的是中华文明的伟大复兴，中国梦究其根本是文明梦。

文明的核心是价值理念及其主导下的思维与行为模式。中华文明源远流长又与时俱进的"和谐"价值理念，特别是由此而展开的人与自然和谐、人与人和谐、身与心和谐等思维与行为模式，不仅为中国梦抹上了浓浓的文明底色，更为"让世界变得更美好"提供了一种新的文明图景。

战略：如何建设这样一个国家

中华民族伟大复兴中国梦能否实现，中国特色社会主义能否坚持和发展，"两个一百年"奋斗目标能否如期完成，最终取决于我们党治国理政的方略与作为、能力与水平、信心与底气。

大国复兴靠战略，大国竞争比拼的也是战略。战略好则事成，战略优则胜出。"四个全面"就是迈向中华民族伟大复兴历史进程中的战略构建。从十八大发轫，到2014年底，经过两年多实践，"四个全面"战略布局跃然而出。它不仅描绘了美好的战略愿景，还勾勒出了走向未来的战略路线图。其中每一个"全面"，都是当前和未来中国治国理政的重要战略抓手。

"四个全面"绝不是简单的话语排比，而是有紧密的内在联系，有严格的逻辑结构。简而言之是"一体两翼，三足鼎立，共同撑起小康社会"。习近平总书记指出："全面建成小康社会是我们的战略目标，到 2020 年实现这个目标，我们国家的发展水平就会迈上一个大台阶，我们所有奋斗都要聚焦于这个目标。全面深化改革、全面依法治国、全面从严治党是三大战略举措，对实现全面建成小康社会战略目标一个都不能缺。不全面深化改革，发展就缺少动力，社会就没有活力。不全面依法治国，国家生活和社会生活就不能有序运行，就难以实现社会和谐稳定。不全面从严治党，党就做不到'打铁还需自身硬'，也就难以发挥好领导核心作用。"这一战略布局，把全面建成小康社会这一奋斗目标、全面深化改革这一发展动力、全面依法治国这一重要保障、全面从严治党这一政治保证有机联系、科学统筹起来，每一个方面都强调"全面"，并注入新的丰富内涵，提出新的更高要求，明确了新形势下治国理政的总方略、总框架，既充分展现了中国共产党人与民族、国家、人民合为一体的强烈使命意识和天下情怀，更表明中国共产党人对共产党执政规律、社会主义建设规律、人类社会发展规律的深刻认识、科学把握和自觉运用。

科学战略布局的推进有赖于科学的发展方式与坚实的发展实效支撑。发展不能想当然，发展更不能蛮干，必须遵循经济规律、自然规律、社会规律等发展规律。遵循经济规律，讲的是发展的科学性。习近平总书记指出，一个国家经济增长，有快有慢是正常的，不能说只能加速、不能减速，这不符合经济规律。遵循自然规律，讲的是发展的可持续性，要始终牢记绿水青山就是金山银山，"像保护眼睛一样保护生态环境，像对待生命一样对待生态环境"。遵循社会规律，讲的是发展的包容性，让更多人共同享有人生出彩的机会，共同享有梦想成真的机会，共同享有同祖国和时代一起成长与进步的机会。十八届五中全会深刻总结中国社会 60 多年发展经验，深刻把握中国社会当前和未来发展大势，提出创新、协调、绿色、开放、共享新发展理念。新发展理念与"四个全面"战略布局相辅相成、有机统一。用发展理念统领发展思路、发展方向、发展着力点，用发展理念彰显价值、重申立场、宣誓决心，再一次实现了马克思主义发展观的时代创新，开辟了当代中国发展的新境界。

中国共产党人对建设自己国家的战略定力与豪情来自充分的自信。我们目标明确、战略科学，又走在正确道路上，有资格自信，也有底气自信。

习近平总书记在纪念毛泽东同志诞辰120周年座谈会上的重要讲话中饱含深情又无比坚定地指出："站立在960万平方公里的广袤土地上，吸吮着中华民族漫长奋斗积累的文化养分，拥有13亿中国人民聚合的磅礴之力，我们走自己的路，具有无比广阔的舞台，具有无比深厚的历史底蕴，具有无比强大的前进定力。中国人民应该有这个信心，每一个中国人都应该有这个信心。"这是何等的自信！这种自信，体现在道路自信、理论自信、制度自信上，还体现在文化自信上。2014年全国两会期间，习近平总书记参加贵州代表团审议时指出："体现一个国家综合实力最核心的、最高层的，还是文化软实力，这事关一个民族精气神的凝聚。我们要坚持道路自信、理论自信、制度自信，最根本的还有一个文化自信。"坚定这"四个自信"，"两个一百年"奋斗目标、中华民族伟大复兴的中国梦，就一定能够实现。

和谐：中国与世界应该是什么样的关系

现代国家治理是内外兼修的功夫。大国复兴不仅要处理好国内各种重大关系，也要处理好国际上的各种关系。

现代世界是深度竞争与深度融合复杂纠缠的世界，国家与国家之间、文明与文明之间、民族与民族之间，包括企业与企业之间的关系也是如此。如何在走向世界的过程中不丧失自我，如何在保持自身独立性的基础上与国际社会合作共赢，当代中国共产党人用中华文化博大精深的智慧提供了"中国方案"。

2014 年 3 月下旬至 4 月初，习近平总书记访问欧洲四国和联合国教科文组织总部、欧盟总部时指出：走和平发展道路，是中国人民的一种自信和自觉。"这种自信和自觉，来源于中华文明的深厚渊源，来源于对实现中国发展目标条件的认知，来源于对世界发展大势的把握。""我们坚持走和平发展道路，是对几千年来中华民族热爱和平的文化传统的继承和发扬。"中华文化崇尚和谐，中国"和"文化源远流长，蕴涵着天人合一的宇宙观、协和万邦的国际观、和而不同的社会观、人心和善的道德观。正是基于这样的治国理政智慧，十八大以来这三年，面对纷繁复杂的国际局势，面对加速演变的国际格局，当代中国共产党人大手笔布局、全方位推进中国特色大国外交，中国加快走向世界舞台中心。大国是关键，推动构建新型大国关系；周边是首要，推动构建"亚洲命运共同体"；发展中国家是基础，加强与发展中国家团结合作；

多边是重要舞台，积极参与多边事务。中国外交延续着基本的布局框架，同时不断开拓创新，在处理同外部世界关系中所展现的中国特色、中国风格、中国气派，将传承与超越、战略与策略、历史与现实、中国与世界有机统一，鲜明显示出一种不同凡响的大胸怀、大智慧。

新型大国关系，可谓当代中国共产党人构建世界新格局中最具代表性的"中国方案"之一。

从中美相互尊重、互利共赢的合作伙伴关系到中俄全面战略协作伙伴关系，以及中德全方位战略伙伴关系、中英面向 21 世纪全面战略伙伴关系等等这些各具特色的表述中，中国倡导的新型大国关系的内涵越来越丰富、越来越全面。

首先是不冲突、不对抗。客观理性看待彼此战略意图，坚持做伙伴、不做对手；通过对话合作而非对抗冲突的方式，妥善处理矛盾和分歧。同时相互尊重，尊重各自选择的社会制度和发展道路，尊重彼此核心利益和重大关切，求同存异，包容互鉴，共同进步。在此基础上合作共赢，摒弃零和思维，在追求自身利益时兼顾对方利益，在寻求自身发展时促进共同发展，不断深化利益交融格局。新型大国关系意味着对传统大国关系模式的摒弃，是国际关系理论和实践的重大创新。

国际社会有大国也有小国，在中国眼里大国小国是一律平等、一视同仁的，新型大国关系只是中国对外交往的一个方面，是我们构建以合作共赢为核心的新型国际关系的一个支点，其他支点还有很多。打造各国人民共有共享的人类命运共同体，提出正确义利观，倡导共同、综合、合作、可持续的安全观，提出亲、诚、惠、容的周边外交理念和真、实、亲、诚的对非工作方针等等，中国外交理念创新全面深化，为维护完善国际秩序和国际体系贡献了"中国智慧"。

担当：建设这样的国家需要
什么样的精神状态

习近平总书记讲过，良好的精神状态是做好一切工作的重要前提。治国理政更是如此。什么才是今日中国应该保持的精神状态？敢于担当，勇担责任。

习近平总书记指出："是否具有担当精神，是否能够忠诚履责、尽心尽责、勇于担责，是检验每一个领导干部身上是否真正体现了共产党人先进性和纯洁性的重要方面。"这种担当意识、责任意识，贯穿当代中国共产党人治国理政始终。在十八大当选后与中外记者见面会上，习近平总书记就指出，对民族的责任、对人民的责任、对党的责任，要求我们夙夜在公，勤勉工作，努力向历史、向人民交出一份合格的答卷。这无疑是一种担当。以猛药去疴、重典治乱，刮骨疗毒、壮士断腕的决心和胆略反腐肃贪，特别是坚决查处周永康、薄熙来、郭伯雄、徐才厚、令计划、苏荣等大案要案，无疑也是一种担当。为什么如此大力度反腐，为什么如此全面从严治党？习近平总书记斩钉截铁地说："不是没有掂量过。但我们认准了党的宗旨使命，认准了人民的期待。"这些话语中饱含的担当精神和担当使命，令人肃然起敬。

当代中国共产党人这种担当意识，是我们党一以贯之精神状态的继承和弘扬。想当年，邓小平同志以 70 多岁高龄复出时就表示："我出来工作，可以有两种态度，一个是做官，一个是做点工作。我想，谁叫你当共产党人呢。既然当了，就不能够做官，不能够有私心杂念，不能够有别的选择。"

如何才算做到勇于担当呢？用习近平总书记三年来多次强调的也是他特意提出写进十八大报告的一句话，就是："准备进行具有许多新的历史特点的伟大斗争"。现在，我国进入了全面建成小康社会决胜阶段，我们正站在新的历史起点上。形势环境变化之快、改革发展稳定任务之重、矛盾风险挑战之多、对我们党治国理政考验之大，都是前所未有的。如果面对大是大非不敢亮剑，面对矛盾不敢迎难而上，面对危机不敢挺身而出，面对失误不敢承担责任，面对歪风邪气不敢坚决斗争，这还称得上中国共产党人吗？我们还能攻坚克难，取得全面建成小康社会的决战决胜吗？

当前干部队伍中存在的一个突出问题是"为官不为"，主要表现是能力不足"不能为"、动力不足"不想为"、担当不足"不敢为"。对"为官不为"问题，习近平总书记在最近几次重要讲话中进行了深刻剖析，要求各级党委要不等不拖、辩证施策，争取尽快扭转。他特别强调对干部既要严格要求、严格管理，又要政治上激励、工作上支持、待遇上保障、心理上关怀，让广大干部安心、安身、安业，推动广大干部心情舒畅、充满信心，积极作为、敢于担当。他明确提出，要保护那些作风正派又敢作敢为、锐意进取的干部，最大限度调动广大干部的积极性、主动性、创造性，激励他们更好带领群众干事创业。从现实情况看，解决"为官不为"问题十分重要，也十分紧迫，需要作为干部队伍建设一件大事来抓。重要的是，要坚持思想引导与制度约束相结合，坚持严格管理与激励导向相结合，明确相关政策界限，完善容错纠错机制，健全激励保障制度，真正为敢担当的干部担当，为敢负责的干部负责，推动形成想作为、敢作为、善作为的良好风气，营造有利于干部奋发有为的社会环境。

保持敢担当、善作为的精神状态，只有进行时没有完成时。在深化改革上是如此，在反腐倡廉、作风建设上是如此，在践行"三严三实"上是如此，在实现中华民族伟大复兴中国梦的历史进程中都同样如此。保持这样一种精神状态，首先是对中国共产党人的要求，同时也是对全体社会成员的要求。

总起来说，梦想指明方向，战略引领路径，和谐包容万邦，精神激发动力。在十八大以来中国共产党治国理政方略指引下，中国这艘巨轮已然启航、已然加速，实现第一个百年目标，迈向第二个百年目标，我们离中华民族伟大复兴中国梦越来越近了。

（为《学习时报》撰写的特约评论员文章，

原载《学习时报》2016 年 1 月 28 日）

为构建中国特色哲学社会科学奉献党校力量

——学习习近平总书记哲学社会科学工作座谈会重要讲话

（2016 年 5 月 20 日）

习近平总书记在哲学社会科学工作座谈会上的重要讲话，科学阐述了我国哲学社会科学的重大使命，提出了构建中国特色哲学社会科学的重大任务，集中回答了当前我国哲学社会科学工作面临的一系列重大问题，是繁荣发展哲学社会科学的思想武器和行动指南。深入学习领会和贯彻落实总书记讲话精神，动员广大哲学社会科学工作者投身构建中国特色哲学社会科学的生动实践，是我国思想理论建设一项十分重要的任务。

党校要在构建中国特色哲学社会
科学中走在前列

哲学社会科学是人们认识世界、改造世界的重要工具，哲学社会科学的大发展，始终与社会的大变动相伴相随。当今世界正经历着几百年来少有的大变局，当代中国正经历着我国历史上最为广泛而深刻的大变革，这给我国哲学社会科学的繁荣发展提供了强大动力和广阔空间。

特别是党的十八大以来，以习近平同志为总书记的党中央，统筹国际国内两个大局，以卓越的政治智慧和治国理政能力，开创了中国特色社会主义伟大事业继往开来的新局面，极大地凝聚了党心军心民心。现在，党带领人民正在全面展开具有许多新的历史特点的伟大斗争，新的实践、新的经验呼唤着理论总结和理论建设；我国治国理政新实践遇到前所未有的新情况、新问题和新挑战，迫切需要理论创新去破解，迫切需要哲学社会科学更好发挥作用。

还要看到，当代中国以人类历史上前所未有的速度和规模迅速发展起来，震撼了世界。但我国综合优势和综合实力提升还没有转化为话语优势，我们在国际上一些领域还处于有理说不出、做好了说不好、说了传不开的境地，争取国际话语权是我们迫切需要解决的问题，迫切需要哲学社会科学挺身而出，有更大作为。在这样的时代背景下，党中央专门召开哲学社会科学工作座谈会，习近平总书记发表重要讲话，充分体现了对哲学社会科学工作的高度重视和殷切期望，哲学社会科学战线深受鼓舞、倍感兴奋。

党校是党的哲学社会科学研究机构，是我国哲学社会科学五路大军中一支重要的方面军。全国共有省级党校34所，副省级党校15所，市地级党校360多所，县级党校2500多所，加起来近3000所，拥有近10万教职工。这支宏大的队伍富集人才资源、学术思想资源，把这些资源用好用足用活了，对推进哲学社会科学建设会产生很大作用。习近平总书记2015年12月在全国党校工作会议讲话中，明确要求党校特别是中央党校要为建设具有中国特色、中国风格、中国气派的哲学社会科学体系作出贡献。他强调："党校开展哲学社会科学研究，不能坐而论道，而要有党校的特点。党校如果同一般的社会科学研究机构、大学研究机构一样，那就没有特点了，也没有自身优势了。要加强对国家中长期发展战略问题的前瞻性研究，加强对重大现实问题和突出矛盾的对策性研究，加强党情政情社情信息反映和研究，努力成为出思想、出成果、出人才的重要阵地。"总书记这些话，把党校在发展哲学社会科学方面如何发挥作用讲清了讲透了。我们要做的，就是踏踏实实、认认真真落实总书记讲话精神，充分发挥党校特点和优势，致力推进理论创新和哲学社会科学的繁荣发展，为构建中国特色哲学社会科学奉献党校力量、发挥党校作用、作出党校贡献。

党校要在坚持马克思主义
指导思想上毫不动摇

庄子云："夫道不欲杂，杂则多，多则扰，扰则忧，忧则不救"，意思是说内心信奉的原则不能过多，如果过多则会困扰，困扰将导致忧心忡忡，时间久了就不可救药。习近平总书记在哲学社会科学工作座谈会上引用庄子这一名言，由此说明坚持以马克思主义为指导对我国哲学社会科学工作的重大意义，真是语重心长。

在我们国家，马克思主义是指导治国之"道"，也是指导治学之"道"，必须一以贯之、毫不动摇地坚持。我国哲学社会科学坚持以马克思主义为指导，这是历史的选择和发展的必然。不坚持马克思主义为指导，哲学社会科学就会失去灵魂、迷失方向，国家因此而乱，人民因此而惑，那将是国家和人民之祸。党校因党而立，是党对领导干部进行马克思主义理论教育的主阵地，是领导干部进行党性锻炼的大熔炉。党校坚持以党的旗帜为旗帜，坚持姓"马"姓"共"，在党校的课堂、讲坛、论坛上旗帜鲜明地讲马克思主义、讲中国特色社会主义、讲共产主义，坚决反对和抵制政治上的"宪政民主"、思想上的"普世价值"、经济上的"新自由主义"和文化上的"历史虚无主义"等错误思潮，这是天经地义的责任，更是责无旁贷的任务。

用马克思主义武装全党、教育人民，首先要抓好领导干部这个"关键少数"。党校的首要任务是对领导干部进行马克思主义理论教育。毛泽东同志曾经说过："如果我们党有一百个至二百个系统地而不是零碎地、实际地而不是空洞地学会了马克思列宁主义的同志，就会大大地提高我们党的战斗力量。"随着党的事业的发展，这方面的要求更高了。习近平总书记在讲话中深刻阐述了坚持马克思主义在哲学社会科学领域指导地位这个要害问题，为党校办学进一步指明了方向。这几年，中央党校紧跟中央部署，进一步加重党的理论教育和党性教育分量，现在这两门课已占到总课时的 70% 以上。在今年开始实施的中央党校教学和智库建设创新工程中，我们把马克思主义理论教育和党性教育摆在突出位置，着力完善党的理论教育和党性教育课程体系，深化对总书记系列重要讲话的学习研究，改进完善教学方法，创新完善学习考核方式，目的就是促使学员对马克思主义学而信、学而用、学而行，真正把看家本领学到手。

加强马克思主义学科建设，是坚持马克思主义指导地位的关键之举，是创新发展哲学社会科学的重要基础工作。经过长期探索和积累，中央党校形成了一批有特色有影响的马克思主义重点学科。去年，中央又批准中央党校成立马克思主义学院，为建设马克思主义学科体系搭建了重要平台。我们在 2016—2020 学科发展五年规划中，明确规定学科建设唯"马"是瞻、向"党"靠拢，重点发展马克思主义哲学、马克思主义政治经济学、科学社会主义、中共党史和党的建设等"马"字号和"党"字号学科，不断壮大马克思主义学科群，为马克思主义入脑入心提供学科支撑。同时教育引导党校教研人员自觉坚持以马克思主义为指导，自觉把中国特色社会主义理论体系贯穿研究和教学全过程，引导学员思学结合、学而悟道、学以致用，努力达到主观和客观、理论和实践、知和行的统一，将学习成果有效转化为清醒的理论自觉、坚定的政治信念、科学的思维方法。

党校要在深化马克思主义
理论研究上下大气力

习近平总书记强调，我国哲学社会科学的一项重要任务，就是继续推进马克思主义中国化、时代化、大众化，继续发展21世纪马克思主义、当代中国马克思主义。在这方面，党校作为马克思主义理论研究的重要阵地同样责无旁贷。如果党校不这样做，还能叫党校吗?！

坚持问题导向是党校理论研究的优势所在，也是我们必须始终保持的优良传统。党校的学员来自四面八方、来自各个领域，他们带来了干部群众关心的热点问题、也带来了本人希望到党校解决的思想理论问题（简称"两带来"），这为党校理论研究坚持问题导向提供了重要依据。党的十八大以来，中央党校坚持以党和国家正在做的事情为中心，坚持教学和科研协同发展，加强对改革开放和社会主义现代化建设实践经验的系统总结，加强对发展社会主义市场经济、民主政治、先进文化、和谐社会、生态文明以及党的建设等领域的分析研究，注重从人民群众的生动实践中挖掘新材料、发现新问题、提出新观点、构建新理论，取得一些成果。特别是在推进习近平总书记系列重要讲话的学习研究宣传上作出了自己的努力。这些工作为进一步深入研究马克思主义理论打下坚实基础。

坚持以人民为中心的研究导向是我国哲学社会科学创新发展的根本途径，是马克思主义理论研究的生命所在。习近平总书记强调："我国哲学社会科学为谁著书、为谁立说，是为少数人服务还是为绝大多数人服务，是必须搞清楚的问题。世界上没有纯而又纯的哲学社会科学。世界上伟大的哲学社会科学成果都是在回答和解决人与社会面临的重大问题中创造出来的。"马克思主义理论是全人类的伟大理论，以人民为中心是当代中国马克思主义的核心理念。脱离了人民，哲学社会科学就不会有吸引力、感染力、影响力、生命力；离开了人民性，党性就无从谈起。党校理论工作者是我们党直接掌握的不可多得的理论力量，我们必须坚持党性和人民性的统一，树立为人民做学问的理想，自觉把个人学术追求同国家和民族发展紧紧联系在一起，在进一步深化马克思主义理论研究中当尖兵、作先锋。多深入一线、深入群众，坚持从人民群众的生产生活中，从人民群众建设中国特色社会主义的伟大实践中，汲取智慧营养，努力多出经得起实践、人民、历史检验的研究成果。

马克思主义理论体系和知识体系博大精深，不下大气力、不下苦功夫是难以登堂入室、掌握真谛、融会贯通的。党校系统的哲学社会科学工作者，要按照习近平总书记提出的体现继承性民族性、体现原创性时代性、体现系统性专业性的要求，坚持理论联系实际的马克思主义学风，加强理论总结和理论创新，活跃学术空气，努力形成一批精品力作，为解决马克思主义在一些学科中"失语"、教材中"失踪"、论坛上"失声"问题，为争取话语主导权作出应有贡献。

党校要在建设中国特色新型
智库方面先行先试

治国理政是认识世界、改造世界的重要实践活动，科学治理需要科学决策，科学决策需要科学知识。习近平总书记高度重视哲学社会科学在治国理政中的重要作用，在座谈会讲话中对建设中国特色新型智库提出具体要求。中央党校是国家高端智库建设试点单位，要以习近平总书记要求为指导，试出效果，试出经验。

党校要成为党和国家的重要智库，这也是习近平总书记在全国党校工作会议上对党校提出的重要工作目标。习近平总书记分析了党校建设智库的优势，认为党校学科设置比较完备，专家学者较多，特别是来自工作一线的学员资源丰富，可以形成教学相长、学学相长、共生多赢的优势。换句话说，党校具有理论人才和领导干部聚集地、理论与实践结合点的独特优势，具有能够服务党和国家事业的智库平台。中央党校已经根据中央要求把建设中国特色新型智库纳入事业发展总体规划，进行统一筹划，统一部署。近年来，我们积极学习借鉴国外智库有益经验，在机制化运行、交流平台、信息采集分析、成果报送和转化、国际合作交流等方面进行了探索，取得明显成效。中央党校目前已与世界上 30 多个国家和地区的大学、智库、学术研究机构建立联系，加强治国理政经验交流，积极宣介我国发展经验，得到国际有识之士的赞誉。

习近平总书记强调，高端智库要重点围绕国家重大战略需求开展前瞻性、针对性、储备性政策研究，把重点放在提高研究质量、推动内容创新上。这些要求很有针对性。近年来，中央党校聚焦党和国家中心工作、重大决策部署、社会热点难点问题进行深入研究，及时向中央反映重要思想理论动态、提出有价值的对策建议，取得了一些成绩，积累了一定经验。下一步，我们要继续发挥党校马克思主义基本理论学科优势，加强党的基本理论研究；发挥理论联系实际优势，加强对国家中长期发展战略问题的前瞻性研究，加强对重大现实问题和突出矛盾的对策性研究；发挥执政骨干集中、熟悉基层和工作一线情况的优势，加强党情政情社情信息反映和研究；发挥系统优势，建立和完善全国党校系统智库建设协作机制，提高决策咨询服务水平。我们的目标，就是通过扎实的工作，使中央党校智库建设和研究能力实现大的突破，更好为中央科学决策服务，更好为党的理论建设和理论创新服务，把中央党校建成特色鲜明、影响力突出的新型高端智库。

党校要在培养马克思主义理论人才上有大的作为

构建中国特色哲学社会科学，关键在人才。习近平总书记在座谈会讲话中，强调要把哲学社会科学队伍关心好、培养好、使用好，让广大哲学社会科学工作者成为先进思想的倡导者、学术研究的开拓者、社会风尚的引领者、党执政的坚定支持者。这是对各级党委提出的要求，各级党校也负有重要责任。

中央党校是学习研究宣传马克思主义理论的重要阵地，历史上涌现出许多名师、大家，像艾思奇、杨献珍、郭大力，像范文澜、范若愚、胡绳等等。他们是中央党校的光荣，也为今天的党校人树立了标杆。经过多年培养和积累，党校已经拥有一支素质比较好的师资队伍，其中也有在国内外享有较高声誉的名师名家。但与党校事业发展的要求相比，党校师资队伍的整体素质需要有一个大的提升。我们要进一步抓紧实施"高端人才引进计划"和"名师工程"，通过访学深造、挂职锻炼、教学科研实践、蹲点调研、外向型培训以及优秀教师传帮带等方式，着力提高现有教研人员的政治素养、专业水平、科研能力，同时打开选人用人视野，以多种方式网罗人才，确保引得来、留得住、用得好，让马克思主义理论人才感到有尊严、有盼头、有奔头，让马克思主义理论领军人才和青年英才茁壮成长，不断汇聚高端理论人才。

长期以来，中央党校十分注重马克思主义理论人才的培养和输送。改革开放 30 多年来，中央党校利用"马"字号和"党"字号学科优势，加强国民教育研究生的培养，到去年为止共培养硕士生 2897 人、博士生 1376 人。从 2005 年开始，中央党校与中组部、中宣部、教育部、财政部和总政治部联合举办全国哲学社会科学教学科研骨干理论研修班，共培训学员 7000 多名。从去年开始，我们根据中央安排实施"马克思主义理论骨干人才培养计

划"，每年从高校教师、党校教师和党政机关干部中招收
100名左右马克思主义理论专业博士生，进行专门系统的
培养，毕业后主要充实高校马克思主义理论教学队伍。第
一批学员已入学一年，效果很好。我们还将按照中央要求
建立全国党校教师进修学院，加强对地方党校马克思主义
理论教师的培训。总起来说，就是要通过多措并举，把中
央党校打造成为马克思主义理论人才的培养高地和输送基
地，为党的事业提供源源不断的人才支持。

（在中央党校学习贯彻习近平总书记在哲学社会科
学工作座谈会上重要讲话精神座谈会上的发言，
原载《学习时报》2016年5月23日）

学习习近平总书记的战略思想

（2016 年 5 月 30 日）

一个有着5000 年文明史、由 56 个民族组成的中华民族要实现民族复兴，一个有 13 亿多人口、幅员 960 万平方公里的东方大国要保持长治久安，没有战略谋划和战略构建是不可想象的。习近平总书记指出："战略问题是一个政党、一个国家的根本性问题。战略上判断得准确，战略上谋划得科学，战略上赢得主动，党和人民事业就大有希望。"党的十八大以来，以习近平同志为总书记的党中央高瞻远瞩、统揽全局，注重运用战略思维治国理政，从确立战略愿景到构建战略布局再到推动战略合作，从筹划战略决策到实践战略部署再到坚定战略意志，环环相扣，形成科学系统的战略思想。

确立战略愿景

目标愿景是战略的核心。确立科学的战略愿景，做到既志存高远、催人奋进又脚踏实地、切实可行，这是战略构建的第一步。没有这一步，战略就无从展开而成为空中楼阁。而新一届中央领导集体的这一步，在十八大刚刚闭幕就华丽迈出了。

2012 年 11 月 29 日，习近平总书记率中央政治局常委和中央书记处的同志来到国家博物馆，参观《复兴之路》展览。在参观过程中习近平总书记深情地指出："现在，大家都在讨论中国梦，我以为，实现中华民族伟大复兴，就是中华民族近代以来最伟大的梦想。"经过"雄关漫道真如铁"的昨天，立足"人间正道是沧桑"的今天，"长风破浪会有时"的明天已经在向我们招手。"现在，我们比历史上任何时期都更接近中华民族伟大复兴的目标，比历史上任何时期都更有信心、有能力实现这个目标。"

中国梦是重大战略创新，实现以国家富强、民族振兴、人民幸福为基本内涵的中华民族伟大复兴第一次被作为明确的战略愿景提了出来，意义不同寻常。在社会主义初级阶段实现中华民族伟大复兴，在发展中国家基础上实现把我国建设成为富强民主文明和谐的社会主义现代化国家，在 13 亿多人口的国度中实现全体人民共同富裕，在以西方为主导的世界格局中实现大国和平崛起，所有这些都是过去从来没有过的全新事情、全新探索、全新实践，因而也是人类社会发展史上前所未有的一个崭新实践。

正因为"崭新"，如何做到复兴而不是复古、崛起而不是威胁，中国梦需要用中国特色社会主义来界定内涵、塑造灵魂、彰显本质。习近平总书记在 2013 年 3 月第十二届全国人民代表大会第一次会议上就任国家主席的讲话中指出，实现中国梦必须走中国特色社会主义道路，必须弘扬以爱国主义为核心的民族精神和以改革创新为核心的时代精神，必须凝聚中国各族人民大团结的中国力量。就是说，中国梦是坚持和发展中国特色社会主义这篇大文章的阶段性新篇章，是对近代以来一代又一代中国人美好夙愿的继承和发展，是对中华民族历史命运和当代中国发展走向的自觉担当。

从大国迈向强国，从发展中国家走向中等发达乃至更高水平的发达国家，中国梦作为战略愿景毫无疑问是宏伟远大的。但实现这一战略愿景不可能一蹴而就，不仅有很长的路要走，更有很多事情要做。这就需要进行时空的大幅压缩与跨越，用数十年时间走完西方国家实现工业化、现代化走了几百年的历程，通过形成强大的统一意志和组织力量，把一切经济政治社会资源都科学地组织和调动起来，集中全国力量办大事。习近平总书记指出："站立在960万平方公里的广袤土地上，吸吮着中华民族漫长奋斗积累的文化养分，拥有13亿中国人民聚合的磅礴之力，我们走自己的路，具有无比广阔的舞台，具有无比深厚的历史底蕴，具有无比强大的前进定力。"回望历史，我们党95年开辟、67年探索、38年实践，经历了曲折和辉煌、顺境和逆境、高潮和低潮，各种艰难险阻都跨越过，各种非凡奇迹都创造过，正是这丰富经历和苦难辉煌让我们对这条道路充满自信。

同时，这一宏伟远大的战略愿景又有着具体清晰的路线图与时间表，这就是"两个一百年"奋斗目标：到2021年建党一百年时全面建成小康社会，到新中国成立一百年时建成富强民主文明和谐的社会主义现代化国家。把宏伟战略愿景与阶段性战略目标有机结合起来，中国梦不仅奠定了战略基石，更夯实了实践基础。

构建战略布局

战略布局是对战略愿景的展开。以习近平同志为总书记的党中央从坚持和发展中国特色社会主义全局出发，立足中国发展实际，坚持问题导向，逐步形成并协调推进全面建成小康社会、全面深化改革、全面依法治国、全面从严治党的战略布局。"四个全面"战略布局，确立了新的历史条件下党和国家各项工作的战略目标和战略举措，是我们党在新形势下治国理政的总方略，是事关党和国家长远发展的总战略，为实现"两个一百年"奋斗目标、实现中华民族伟大复兴中国梦提供了重要保障。

"四个全面"涉及的都是贯穿当代中国已经和正在做的事。小康社会是邓小平同志在 20 世纪 80 年代初提出的奋斗目标，近 40 年的改革是贯穿新的历史时期的主旋律，从严治党是 95 年来中国共产党一以贯之的要求，依法治国方略从党的十五大提出到现在也已近 20 年。为什么把这四者结合起来而且加上"全面"两个字？很重要的是，尽管当代中国在这四个方面都取得巨大成就和辉煌成果，但"不全面"依然是普遍存在的问题，是客观现实。非全面则不能成事，不全面则会坏事。为何群众在吃饱穿暖后却对带领他们致富的党员干部意见越来越大？因为经济领域小康的满足与政治领域权利诉求跟不上形成巨大反差。为何今日中国社会消除腐败的压力颇大？因为经济体制改革与政治体制改革、社会体制改革以及党的制度体制建设之间的不协调，在经济领域，市场在资源配置中愈来愈发挥决定性作用，权力运行方面则还有相当与此不适应的计划体制色彩。为何人民群众对法治的期望值不高、信任度不强？因为法律立得越来越多，但执法、司法、守法还在一些方面跟不上趟。

中华民族伟大复兴是经济、政治、文化、科技、军事等全面的复兴，中国特色社会主义伟大事业是"五位一体"全面进步的事业。"四个全面"战略布局把"全面"作为战略支点，从全面切入与突破，使我们党的战略谋划和战略构建有的放矢、纲举目张。

全面小康，必须"一个都不能少"。习近平总书记指出："没有全民小康，就没有全面小康。""没有农村的全面小康和欠发达地区的全面小康，就没有全国的全面小康。"全面小康，又必须"一项都不能缺"。不能仅仅是经济小康，文化小康、社会小康、生态小康等也要齐头并进，让人民群众享受民主参与、文化繁荣、社会和谐、生态良好。

全面深化改革，就要坚持改革的系统性、整体性、协同性。不仅要搞经济体制改革，还要进行政治体制、文化体制、社会体制、生态文明体制以及党的制度体制的变革，更加注重顶层设计，更加注重于法有据。全面依法治国，就要从法律体系走向法治体系，形成完备的法律规范体系、高效的法治实施体系、严密的法治监督体系、有力的法治保障体系、完善的党内法规体系，坚持依法治国、依法执政、依法行政共同推进，坚持法治国家、法治政府、法治社会一体建设。全面从严治党，就要从转变作风入手，通过反腐败发力，高度重视制度治党，既治标又治本，既治行又治心，既管关键少数又覆盖全体党员，没有任何例外的特殊党员，也没有任何例外的"铁帽子王"。

"四个全面"战略布局言简意赅、精辟深刻，既有战略目标又有战略举措，每一个"全面"都蕴含着重大战略意义，相互之间密切联系、有机统一，具有紧密的内在逻辑。习近平总书记指出："全面建成小康社会是我们的战略目标，到 2020 年实现这个目标，我们国家的发展水平就会迈上一个大台阶，我们所有奋斗都要聚焦于这个目标。全面深化改革、全面依法治国、全面从严治党是三大战略举措，对实现全面建成小康社会战略目标一个都不能缺。"全面建成小康社会是实现中华民族伟大复兴中国梦的第一步；全面深化改革为发展注入动力，为社会激发活力；全面依法治国为实现国家治理现代化立规矩护权利，促和谐保稳定；全面从严治党，做到打铁先要自身硬，用先进和优秀打造坚强有力的领导核心。"四个全面"战略布局作为一个整体战略部署有序展开，共同支撑起中国特色社会主义事业全局。

推动战略合作

大国治理从来不能只是眼光向内。随着世界多极化、经济全球化深入发展，随着文化多样化、社会信息化持续推进，处理世界上的事，包括一个国家自身求发展，只有合作才能共赢，对抗则会两败俱伤。顺应这样的大势，以习近平同志为总书记的党中央统筹国内国际两个大局、统筹发展安全两件大事，积极推动更高层面、更大范围、更加紧密的国际战略合作，构建以合作共赢为核心的新型国际关系，打造人类命运共同体。

从中美相互尊重、互利共赢的合作伙伴关系到中俄全面战略协作伙伴关系，以及中韩"四个伙伴"关系、中德全方位战略伙伴关系、中英面向 21 世纪全球全面战略伙伴关系等，中国倡导的新型大国关系摒弃了传统大国关系模式，实现了国际关系的重大战略创新。不冲突、不对抗，客观理性地看待彼此战略意图，坚持做伙伴、不做对手；坚持相互尊重，尊重各自选择的社会制度和发展道路，尊重彼此核心利益和重大关切，求同存异，包容互鉴，共同进步。在此基础上摒弃零和思维，在追求自身利益时兼顾对方利益，在寻求自身发展时促进共同发展，不断深化利益交融格局。

从对亚太周边的邻国伙伴"亲、诚、惠、容"到对非洲各国合作的"真、实、亲、诚"，相同的是对合作共赢的真诚追求，不同的是对各国历史文化道路制度的高度尊重。尤其是人类命运共同体理念的提出，极大地激发了世界各国人民对和平和谐、公平正义的渴望。

如何化理念为行动，习近平总书记倡导的"一带一路"战略就是变梦想为现实的战略平台。这一战略平台不是某一方的私家小路，而是大家携手前进的阳光大道，是连接亚欧非的广阔"朋友圈"，是中国社会为世界各国搭建的"快车"、"便车"、"顺风车"。

现代世界经济发展，全球化是基本态势。西方社会的资本主义模式之所以能够快速发展，就是从 19 世纪开始搭上了全球化的快车。但是当年的全球化仅仅是从西方走向东方，从前发达国家走向后发展国家，基本上没有形成良性互动。单向的全球化是不够的，也是有缺憾的。"全球化"就应该真正全球流动起来，不仅要有从西方到东方的全球化，还应该有从东方到西方的全球化。

习近平总书记提出的"一带一路"战略就是从东方

走向西方、从发展中国家走向发达国家、从中国走向世界的一种新的全球化。这一战略构思相当于对西方全球化发展的对冲，这种对冲可以让世界经济更加有活力。而且中国的"一带一路"战略是纯粹的经济发展战略，是纯粹的经济发展战略平台，是在充分尊重沿带沿路各国社会政治制度和文化价值观基础上的经济战略合作，不把意识形态强加给别人，因而得到世界各国的认同、支持与合作。这一点在亚洲基础设施投资银行筹建过程中体现得很充分，尊重他人也就得到了他人的尊重，建立起共同的利益也就建立起了更紧密的联系。

习近平总书记指出："要跟上时代前进步伐，就不能身体已进入 21 世纪，而脑袋还停留在过去，停留在殖民扩张的旧时代里，停留在冷战思维、零和博弈老框框内。"中国始终做世界和平的建设者、全球发展的贡献者、国际秩序的维护者，中国更致力于推动全球治理体制向着更加公正合理方向发展，为完善全球治理贡献中国智慧、中国力量。

2014 年 3 月下旬至 4 月初，习近平主席访问欧洲四国和联合国教科文组织总部、欧盟总部时指出："我们坚持走和平发展道路，是对几千年来中华民族热爱和平的文化传统的继承和发扬。"中华文化崇尚和谐，中国"和"

文化源远流长，蕴涵着天人合一的宇宙观、协和万邦的国际观、和而不同的社会观、人心和善的道德观。当今天的世界面对越来越严峻的环境问题时，"天人合一"为人类修复自己的家园送上一剂良药；当今天的世界因为各种各样的利益纠纷与冲突而可能擦枪走火的时候，"和而不同"恐怕是实现各得其所的唯一选择；当人类社会越来越沉湎于社会发展方式"唯一解"的时候，让"生生不息"告诉我们还有别样的可能性、别样的精彩是很有意义的。

保持战略定力

作为一个科学体系，习近平总书记的战略思想，不仅重视战略的构建，同样重视战略的实施；不仅强调战略筹划的科学性，同样强调战略意志的坚定性。

战略意志首先表现为战略定力。对于道路方向高度自觉、充满自信、坚定不移，"任尔东西南北风"；对于业已制定的大政方针延续稳定，不患得患失，不瞻前顾后，"咬定青山不放松"；面对错综复杂、风云变幻的环境，平心静气，该变则迅速变，不该变则坚决不变，"乱云飞渡仍从容"。

习近平总书记指出，找到一条好的道路不容易，走好这条道路更不容易。过去，我们照搬过本本，也模仿过别人，有过迷茫，也有过挫折，一次次碰壁、一次次觉醒，一次次实践、一次次突破，最终走出了一条中国特色社会主义成功之路。现在，有些人议论这个道路、那个道路，有的想拉回到老路上，有的想引到邪路上；有的是思想认识误区，有的是别有用心。中国特色社会主义这条道路，我们看准了、认定了，必须坚定不移走下去。在这一过程中虚心学习借鉴人类社会创造的一切文明成果是必然的，但不能数典忘祖，不能照抄照搬别国发展模式。要始终保持清醒坚定，保持强大前进定力，既不走封闭僵化的老路，也不走改旗易帜的邪路，不为任何风险所惧，不为任何干扰所惑。

坚定的战略定力背后是高超的战略思维能力。习近平总书记科学把握事物发展的总体趋势和方向，引导全党要视野开阔、胸襟博大，以小见大、见微知著，站在时代前沿和战略全局高度观察、思考、处理问题，从政治上认识和判断形势，透过纷繁复杂的表面现象把握事物的本质和发展的内在规律。提高了战略思维，就可以既抓住重点又统筹兼顾，既立足当前又放眼长远，既熟悉国情又把握世情，在解决突出问题中实现战略突破，在把握战略全局中推进各项工作。

这种战略思维，在习近平总书记对经济新常态的战略判断中体现得尤为充分。针对十八大以来中国经济发展呈现出的新常态，习近平总书记指出，"要把适应新常态、把握新常态、引领新常态作为贯穿发展全局和全过程的大逻辑"。如何把握这个大逻辑，因势利导，化害为利？这显然离不开对战略思维的高超运用。

首先，经济发展进入新常态，是我国经济发展阶段性特征的必然反映，是不以人的意志为转移的必然趋势。我们不能做鸵鸟，把头埋进沙土中就装作什么也看不见，好像就没有新常态似的。同时我们也不能因循守旧，指望一招鲜吃遍天。在新常态背景下，过去那种粗放型发展方式，那种大兵团作战方式不仅不能再用，还会引火烧身，使发展中的矛盾和问题进一步积累、激化，不仅国内条件不支持，国际条件也不支持。

但是，面对新常态我们也不必惊慌害怕。引领新常态不是无所作为，反而是大有可为。旧的大门关上了，新的大门正在打开，而且更敞亮；旧的舞台谢幕了，新的舞台应运而生，而且更宽广；旧的机遇逝去了，新的机遇迎面而来，而且更丰厚。只要我们转变发展理念，用创新、协调、绿色、开放、共享的新发展理念统领经济社会发展全局，经济新常态就会变为中国经济大发展、好发展、新发展的肥沃土壤。

总起来说，习近平总书记的战略思想集中体现了当代中国共产党人的全局视野和战略眼光，蕴含着对世界发展大势的科学判断，对中国发展方略的深邃思考，对人民根本利益的深切关怀，标志着我们党对共产党执政规律、对社会主义建设规律、对人类社会发展规律的科学把握进入一个新境界。

（原载《学习时报》2016 年 5 月 30 日）

党内政治生态也要山清水秀

——学习习近平总书记关于净化政治生态的重要思想

（2016 年 7 月 7 日）

党内政治生态这个概念，是习近平总书记 2013 年 1 月在十八届中央纪委二次全会上第一次提出来的。此后他又多次讲到这个问题。最近，他在主持中央政治局第 33 次集体学习时、在庆祝中国共产党成立 95 周年大会讲话中，再次强调了这个问题。习近平总书记关于净化党内政治生态的重要思想，是党的十八大以来党中央治国理政新理念新思想新战略的重要内容，体现了新一届中央领导集体全面从严治党的深谋远虑和坚定决心。

（一）

党内政治生态是党内政治制度、政治生活、政治文化等要素相互作用的结果。健康洁净的党内政治生态，严肃认真的党内政治生活，是党的优良作风的生成土壤，是增强"四自"能力、解决自身矛盾和问题的有效途径和方法，是党组织教育管理党员和党员进行党性锻炼的主要平台和熔炉，是保持党的先进性和纯洁性、提高党的创造力凝聚力战斗力的重要条件，是中国共产党区别于其他非马克思主义政党的鲜明标志。

中国共产党是中国工人阶级的先锋队，同时是中国人民和中华民族的先锋队，有着崇高的革命理想和严密的组织体系。党的这个性质和特点，决定了她必须有严肃的党内政治生活、有良好的党内政治生态。党内政治生活不健康不严肃，党内政治生态受污染变恶化，党就会人心涣散、弊病丛生，党的事业就会受到损失，党的领导地位就有丧失的危险。

中国共产党生活在社会中，党的作风作为政治生态的外在反映，与社会风气相互作用。市场经济条件下的商品交换原则，对外开放条件下乘隙而入的各种错误思潮，社会变动条件下的思想多样多元多变，不可避免地渗透和反映到党内政治生活中来。一段时期以来，党内政治生活不认真不严肃现象比较普遍，庸俗化、随意化倾向比较突出，少数地方和单位政治生态严重恶化，甚至出现系统性、塌方式腐败，状况堪忧。党的十八大以来，党中央把严肃党内政治生活、净化党内政治生态摆在更加突出的位置，坚持思想建党和依规治党一起抓，激浊和扬清一起抓，治标和治本一起抓，坚持全面从严治党，解决了党内存在的许多突出矛盾和问题，党内政治生活和政治生态明显好转。

总结历史经验可以看到，党的政治路线和思想路线正确与否，对党内政治生活和政治生态起着至关重要的作用。党内政治生活和政治生态比较好的时期，都是路线对头的时期；而政治生活和政治生态不好的时期，都是路线出了问题的时期。延安时期、新中国建立初期和改革开放新时期，党内之所以出现生动活泼的政治局面，最根本的就在于恢复了马克思主义的思想路线，并在此基础上形成了正确的政治路线和组织路线。严肃党内政治生活，净化党内政治生态，最重要的是围绕坚持党的政治路线、思想路线、组织路线、群众路线，坚持和完善民主集中制、严格党的组织生活等重点内容，坚持问题导向，坚持精准发力，扎扎实实地抓，驰而不息地抓。

中国共产党面临的"四大考验"和"四种危险"是长期的、复杂的、尖锐的，因此严肃党内政治生活、净化党内政治生态是一项长期而艰巨的任务。我们必须坚定不移、锲而不舍把这项党的建设基础工程抓实抓好，努力营造绝对忠诚、坚定看齐的组织生态；勇于改革、敢闯敢试的创新生态；敢于担当、积极作为的干事生态；五湖四海、任人唯贤的用人生态；纲纪严明、清正廉洁的反腐生态。这样的优良政治生态培育营造起来了，严肃认真的党内政治生活开展起来了，就一定能够进一步形成干部奋发有为的好状态和干群团结一心的好势态，就一定能够进一步提振干部队伍、提升全党素质、提质改革发展。

（二）

党内政治生活、政治生态之所以出现这样那样的问题，根子在于一些党员、干部理想信念这个"压舱石"发生了动摇，世界观、人生观、价值观这个"总开关"出现了偏差。有的认为马克思主义已经过时、共产主义虚无缥缈，精神空虚，意志薄弱，不信真理信金钱，不信马列信宗教。有的把配偶子女移居国外，随时准备"跳船"。如此等等。习近平总书记多次强调："理想信念动摇是最危险的动摇，理想信念滑坡是最危险的滑坡。"所以，严肃党内政治生活，必须把坚定理想信念作为固本培元、凝魂聚气的战略性工程来抓，引导党员、干部筑牢信念之基、补足精神之钙、把稳思想之舵。

中国共产党之所以叫共产党，就是因为从成立之日起党就把共产主义确立为远大理想；中国共产党之所以能够经受一次次挫折而又一次次奋起，归根到底是因为党有远大理想和崇高追求。正是这种由信仰而生的凝聚力，吸引了一批又一批中国工人阶级和中国人民、中华民族的先进分子加入中国共产党的队伍，造就了一批又一批"不爱财、不为官、不怕死，就为这个事业，为心中的主义的'真人'"。李大钊、夏明翰、方志敏、赵一曼、杨靖宇、刘胡兰、江姐等千千万万慷慨赴死的共产党员，都用大义凛然的英雄壮举诠释了共产党人对远大理想的坚贞。邓小平同志说得好："为什么我们过去能在非常困难的情况下奋斗出来，战胜千难万险使革命胜利呢？就是因为我们有理想，有马克思主义信念，有共产主义信念。"

习近平总书记在"七一"讲话中说，一个政党的衰落，往往从理想信念的丧失或缺失开始。这话千真万确。曾几何时，信仰的力量使苏联共产党在只有20万党员的情况下夺取了政权，在有200万党员的情况下打败了法西斯侵略者；然而也正是信仰的坍塌，让这个党在有2000万党员时失去了政权。信仰缺失，精神迷茫，也是我们一些领导干部贪腐变质的总根子。为什么有些管灵魂的出卖灵魂，管反腐的带头腐败，管干部的带头卖官鬻爵，讲艰苦奋斗的带头贪图享乐？从根本上说就是这些人理想信念这个"总开关"出了严重问题。现在，社会深刻变革、思想激烈交锋，给共产党人的理想信念带来前所未有的冲击。社会环境越是错综复杂，共产党人越要加强党性修养，坚定心中的信仰，挺起信念的脊梁，永远不要失去共产党人安身立命的根本。

净化党内政治生态，打牢理想信念根基，必须把加强思想政治建设摆在首位，坚持不懈强化理论武装。要引导党员、干部深入学习马克思列宁主义、毛泽东思想、中国特色社会主义理论体系，特别要深入学习习近平总书记系列重要讲话，坚定中国特色社会主义道路自信、理论自信、制度自信、文化自信。要加强党性教育和道德教育，引导党员、干部增强党的意识、党员意识、宗旨意识，正确处理是和非、公和私、得和失的关系，弘扬和践行社会主义核心价值观，重品行、正操守、养心性。邪不压正。正气上来了，邪气就会下去，党内政治生态就会逐步得到净化。

（三）

中国共产党最强调纪律和规矩，因为这是党团结统一的重要保证，也是提高党的创造力凝聚力战斗力的重要保证。党在长期斗争中形成了包括政治纪律、组织纪律、廉洁纪律、群众纪律、工作纪律和生活纪律等各方面的纪律，形成了包括党章党规、优良传统和工作惯例在内的党的规矩。现在，一些干部出问题，往往是从不守纪律、破坏规矩开始的；一些地方政治生态出问题，也往往是纲纪不彰、法度松弛导致的。营造良好政治生态，就要让纪律和规矩严起来。

党的十八大以来，党中央坚持把纪律和规矩挺在前面，推动全党尊崇维护党章、学习贯彻党章，严明政治纪律和政治规矩，引导党员干部牢记"五个必须"，防止"七个有之"。坚持高标准和守底线相结合，修订廉洁自律准则、党纪处分条例，探索实践监督执纪"四种形态"。坚持以零容忍态度惩治腐败，发挥巡视利剑作用，严厉查处违纪违法案件，清除各种政治"污染源"。通过严肃党纪，广大党员、干部受到警醒、警示、警戒，遵规守纪意识明显增强。接下来要做的，就是再接再厉、乘胜推进，不断巩固和扩大党的纪律建设成效。

严肃党内政治生活，净化党内政治生态，必须把严明政治纪律和政治规矩摆在首要位置。政治纪律是全党在政治方向、政治立场、政治言论、政治行动方面必须遵守的基本规范，是最重要、最根本、最关键的纪律。如果政治纪律和政治规矩得不到遵守，其他纪律和规矩都会失守。这些年，为什么党内政治生活出现不健康状况？为什么党内政治生态会受到污染？关键是一些党员、干部视党的政治纪律和政治规矩为"纸老虎"、"稻草人"，有的甚至到了我行我素、胆大妄为的地步。特别是极个别人不仅经济贪腐，而且政治野心膨胀，无视党纪国法，拉山头、搞宗派，严重破坏党的团结和集中统一，影响极为恶劣。严肃党的政治纪律，一定要教育引导党员、干部切实增强"四个意识"，自觉做到"四个服从"，始终在思想上政治上行动上同以习近平同志为总书记的党中央保持高度一致，坚决维护党中央权威，坚守党员、干部的政治原则和行为准则。

（四）

用人上的不正之风和腐败现象对政治生态危害最大，端正用人导向是净化党内生态的治本之策。用一贤人则群贤毕至，见贤思齐就蔚然成风。风清气正、选贤任能，是党内政治生态良好的一个显著标志。反过来，党内政治生态健康、政治生活健全，才有利于那些德才兼备的干部脱颖而出。如果出现"劣币驱逐良币"的逆淘汰，就一定会对政治生态造成极大破坏。现实中，一些地方和部门用人腐败和不正之风问题比较突出，违规用人问题比较普遍。有的凭关系选人用人，拿官职做交易，明目张胆买官卖官。有的以人划线、以地域划线、以单位划线，培植亲信、排斥异己，拉帮结派、收买人心，搞小山头、小圈子、小团伙，导致有的干部搞人身依附、寻找政治靠山，跟个人不跟组织，提拔后只感谢个人不感谢组织。实践一再证明，选人用人上的腐败如同"慢性毒药"，对政治生态的破坏具有系统性和长期性，危害甚烈。

党的十八大以来，党中央修订颁布《党政领导干部选拔任用工作条例》，采取有力措施防止干部"带病提拔"，大力推进干部能上能下，全面从严管理监督干部，效果明显。重要的是乘势推进，坚持不折不扣按《条例》办事、按规矩办事，严格选拔条件资格，严格选拔任用程序，严格选拔纪律要求，严把政治关、品行关、作风关、廉政关、能力关，把真正的好干部选出来。长期以来社会上流传着一句话：说你行你就行不行也行，说你不行你就不行行也不行。这反映了一些地方和单位的领导选人用人比较随意，同时也说明衡量干部缺乏具体标准。党的十八大以来，习近平总书记明确提出了好干部的标准，即信念坚定、为民服务、勤政务实、敢于担当、清正廉洁。选人用人，就要拿这 20 个字来衡量。各级党组织要履行好管干部用干部的主体责任，决不允许个人或少数人说了算。尤其要大力整治跑官要官、买官卖官、拉票贿选、说情打招呼等不正之风，对违反组织人事纪律实行"零容忍"。坚决不让投机钻营者得利、不让买官卖官者得逞、不让脚踏实地的好干部吃亏。真正让那些忠诚、干净、担当的好干部得到褒奖和重用，让那些唱对台戏、身在曹营心在汉、阳奉阴违、阿谀奉承、弄虚作假、不干实事、只会跑要的干部没市场、受惩戒，以用人环境的风清气正促进政治生态的山清水秀。

（五）

严肃党内政治生活，净化党内政治生态，领导干部是关键要素，以上率下是管用办法。必须从党的各级领导干部和领导机关做起，尤其要从党的高级干部和党中央领导机构做起。1982 年，党的十二大报告就指出："历史的严重曲折告诉我们，党内政治生活是否正常，首先是党中央和各级领导机构的政治生活是否正常，确实是关系党和国家命运的根本问题。"

党的十八大以来，党中央坚定不移反对和惩治腐败，坚持"苍蝇"、"老虎"一起打，成效显著，深得党心民心。根据中央纪委监察部网站发布的信息统计，目前已查处9名十八届中央委员、13名十八届中央候补委员和为数不少的省部级干部。这么多高级干部出问题，特别是出了周永康、薄熙来、徐才厚、郭伯雄、令计划这样的人，给中国共产党造成很大的损害。反过来看，党内出现这种状况，也反映出一个时期以来党内政治生态和政治生活存在不少问题。如何使党内政治生态进一步健康洁净起来，使党内政治生活健全认真起来？特别是怎样进一步完善党内法规，加强党内监督特别是对"一把手"的监督，不断扎紧制度的笼子，从体制机制上营造良好的政治生态和政治环境，不仅有利于那些德才兼备的优秀干部能够脱颖而出，而且有利于防止那些贪腐分子、变质分子特别是政治品质低劣、政治野心膨胀又善于投机钻营的人得到提拔重用，尤其是防止这样的人进入党的中央委员会和中央领导层，这是需要高度重视和必须解决好的重大问题。

党的十八大以来，习近平总书记反复强调加强中央政治局自身建设，坚持领导带头、以身作则，层层立标杆、作示范，充分表明以习近平同志为总书记的党中央在从严管党治党上高度的政治清醒和政治勇气。八项规定，首先是针对中央政治局改进工作作风的八项规定。中央政治局带头开展党的群众路线教育实践活动，带头围绕落实八项规定进行对照检查，开展批评和自我批评。中央政治局同样带头开展"三严三实"专题教育，围绕践行"三严三实"要求召开专题民主生活会，进行党性分析。这种亲力亲为、以上率下的行动，这种踏石留印、抓铁有痕的决心，有效遏制了党内政治生态恶化的趋势，促进了党风、政风和社会风气逐步好转。我们相信，在以习近平同志为总书记的党中央示范带动下，各级领导干部特别是高级干部都能以上率下，真正做到坚守正道、弘扬正气，襟怀坦白、光明磊落，坚持原则、恪守规矩，严肃纲纪、嫉恶如仇，艰苦奋斗、清正廉洁，让普通干部看到榜样，让普通党员看到希望，让人民群众看到信心，那就一定能够形成党内更加健康的政治生态，就一定能够造成党内更加生动活泼的政治局面。

（原载《学习时报》2016 年 7 月 7 日）

中国共产党95年来应对危局和困境的伟大实践及历史启示

——学习习近平总书记在庆祝中国共产党成立95周年大会上的讲话

（2016年7月21日）

中国共产党成立以来这95年，是党团结带领中国人民在实现中华民族伟大复兴道路上顽强拼搏、接续奋斗、不断取得辉煌成就的95年。习近平总书记在讲话中把党95年来取得的成就概括为作出了"三个伟大历史贡献"，实现了"三个伟大飞跃"，确实高屋建瓴、透彻精辟。

中国共产党成立以来这95年，也是党团结带领中国人民战胜一切艰难险阻，在应对和化解各种危局和困境中不断推进事业发展的95年。从稚嫩到成熟、从弱小到强大，一次次遭受挫败，一次次力挽狂澜，一次次浴火重生。中国共产党95年来取得的成就之所以震古烁今，就是因为这些成就实在来之不易，就是因为取得这些成就的历程中往往有危难之际的绝处逢生，有挫折之后的毅然奋起，有失误之后的拨乱反正，有磨难之中的百折不挠。"苦难辉煌" 4 个字，正是中国共产党 95 年奋斗历程的真实写照。

（一）

中国共产党 95 年来经历和应对的危局、困境、风险很多，我们简要回顾以下这些重要情况。

应对 1927 年大革命失败后的危局，开创土地革命战争全新局面。中国共产党从 1921 年成立后登上中国政治舞台到同国民党合作胜利进行北伐战争，不到 6 年时间就由 50 多名党员发展成为拥有近 6 万名党员、领导着 280 余万工人和 970 余万农民、具有相当群众基础的党。1927 年春夏，国民党叛变革命实行屠杀政策，使处于幼年时期的党猝不及防，遭到惨重损失。1927 年 3 月到 1928 年上半年，被杀害的党员和革命群众 31 万多人，其中党员 26000 多人。党员人数锐减到 1 万多人，党领导的工会、农民协会等遭到查禁或解散，全国处于腥风血雨之中。国内外敌人都认定共产党从此必将彻底失败，党的队伍里也有不少人动摇悲观，有的甚至自首、叛变。但是，党并没有被巨大的困难压倒，而是以大无畏的革命精神领导人民顽强地战斗。"八七会议"确定了实行土地革命和武装起义的总方针，为党从失败走向新胜利指明了出路。党发动南昌起义、秋收起义、广州起义和其他起义，创建人民军队，建立农村根据地，实行耕者有其田的革命，开创农村包围城市的道路。革命星火很快汇成燎原之势。到1930年初，党领导创建了大小十几块农村根据地，红军发展到7万人。1930年9月，全国党员人数增至12万人。大革命失败后几乎陷于绝境的中国共产党，经过3年艰苦卓绝的斗争获得了新生，迎来土地革命战争的高潮。

应对1934年中央根据地第五次反"围剿"失败后的困境，推动全民族抗日战争新局面兴起。红军和农村根据地的巩固与发展，引起国民党统治集团的震惊和恐慌，大规模的军事"围剿"疯狂而至。从1930年10月至1932年底，中央根据地红军先后粉碎国民党军队的4次"围剿"。其他根据地也取得了反"围剿"战争的胜利。但由于"左"倾教条主义、冒险主义的错误，中央根据地红军未能打破敌人第五次"围剿"，被迫实行战略转移。南方其他根据地的红军也先后进行了长征。这次严重失误，使红军和根据地损失了90%，党在国民党统治区的力量几乎损失殆尽。红军从 30 万人减少到 3 万人左右，党员从 30 万人减少到 4 万人。中国革命再次濒临绝境。在极其危险的历史关头，1935 年 1 月召开的遵义会议确立毛泽东在红军和党中央的领导地位，挽救了党和红军，挽救了中国革命。遵义会议后，党领导红军胜利完成了长征。1935 年 10 月中央红军到达陕北，1936 年 10 月红军第一、二、四方面军在黄土高原实现了胜利会师。中共中央制定抗日民族统一战线新政策，促成西安事变和平解决，进而实现了第二次国共合作，推动了全民族抗日战争的兴起。正是在全民抗战中，中国共产党领导的革命力量空前壮大，为夺取全国政权、创建新中国奠定了坚实基础。

应对抗日战争结束后全面内战爆发的严峻局面，加速中国革命胜利伟大进程。抗日战争胜利后，中国共产党为争取和平民主做出很大努力，但国民党政府拒绝和平民主要求，公然发动内战。当时，国民党军队有 430 万，人民解放军只有 127 万。国民党军队拥有飞机大炮和各种先进武器，人民解放军主要依靠"小米加步枪"。国民党政府控制各大城市、交通干线以及绝大部分近代工业，统治着全国 3/4 以上的地区，还得到美国的巨大援助；解放区大部分地区经济落后、土地贫瘠、资源匮乏。敌我力量对比如此悬殊，中国共产党又一次面临严峻考验。在中国两种命运、两种前途决战的重大历史关头，毛泽东告诫全党吸取 1927 年面对突然袭击毫无准备招致失败的教训，做好应付复杂局面的充分准备。毛泽东在七大上一口气列举了党可能遭遇的"十七条困难"，提出"要在最坏的可能性上建立我们的政策"，尤其是党的高级负责干部更要有"对付非常的困难，对付非常的不利情况"的精神准备。党中央审时度势，领导人民解放军进行气势磅礴的解放战争，经过辽沈、平津、淮海三大战役和渡江作战，消灭国民党 800 万军队，仅用了 3 年多时间就推翻了国民党反动政府。中国革命的胜利，是第二次世界大战以后最重大的政治事件。

应对新中国成立之初国内外困难复杂局势，在建设新国家、新社会、新制度方面取得伟大胜利。新中国成立伊始，国内百废待兴、百业待举。由于长年战乱和恶性通货膨胀，国民经济严重衰退，农业减产，工厂倒闭，物价飞涨，失业众多，社会动荡不安。在国际上，美国等西方国家采取政治上孤立、军事上威胁、经济上封锁等政策，企图扼杀新生的人民共和国。1950 年美国进行侵略朝鲜的战争，派海军第七舰队入侵台湾海峡，更使新中国的国家安全受到直接威胁。面对国内经济困局和外部军事威胁，党领导人民开展了一系列卓有成效的工作。肃清反革命残余力量，战胜帝国主义的封锁、破坏和武装挑衅，巩固了新生的人民政权。迅速医治战争创伤，荡涤旧社会污泥浊水，完成全国土地改革，短短 3 年把国民经济恢复到历史最高水平。在这些工作基础上，采取符合中国特点的步骤和措施创造性地进行社会主义改造，确立了社会主义基本制度并进行大规模社会主义建设，逐步建立起独立的、比较完整的工业体系和国民经济体系。新中国成立前后，一些人认为，"共产党在军事上得了满分，在政治上是八十分，在经济上恐怕要得零分"。还有人预言："中共的胜利不过是昙花一现。"在中国共产党领导下，新中国在短短几年里就用事实雄辩地回答了这些怀疑和攻击，初步实现了毛泽东在七届二中全会上提出的"我们不但善于破坏一个旧世界，我们还将善于建设一个新世界"的政治目标。

应对 1958 年"大跃进"造成的困境，采取措施使国民经济得到恢复和发展。社会主义基本制度确立以后，为了迅速改变一穷二白的面貌，全国各族人民迸发出空前的建设热情。由于社会主义建设经验不足，对经济发展规律和中国经济基本情况认识不足等原因，党在 1958 年发动了以超英赶美为目标、以大炼钢铁和农村人民公社化为标志的"大跃进"运动，使得以高指标、瞎指挥、浮夸风和"共产风"为主要标志的"左"倾错误严重泛滥。主要由于"大跃进"和"反右倾"的错误，我国国民经济在1959年到1961年发生严重困难。农业特别是粮食生产大幅度减产，食品供应极度短缺，严重危害了人民群众的健康和生命。这是党在探索社会主义建设道路过程中遭遇到的第一次严重危局。面对这种局势，党中央加强调查研究，对国民经济实行调整、巩固、充实、提高的方针，制定和执行一系列正确政策，采取压缩基本建设规模、缩短工业战线、大力精简职工、减少城市人口、加强和支援农业战线等有针对性的措施。到1962年，国民经济就得到比较顺利的恢复和发展。到1964年12月周恩来总理在第三届全国人大一次会议上提出实现"四个现代化"宏伟任务时，国民经济已实现稳步增长，社会呈现健康发展景象。

应对"文化大革命"造成的严重局面，开创改革开放和社会主义现代化建设新时期。十年"文化大革命"，使党、国家和人民遭受新中国成立以来最严重的挫折和损失，国民经济濒临崩溃边缘。粉碎"四人帮"的胜利从危难中挽救了党和国家，但"文化大革命"遗留下来的政治、思想、组织和经济上的混乱还极其严重，要摆脱困境、打开局面非常不容易。党在1978年领导和支持了对拨乱反正具有重大意义的关于实践是检验真理唯一标准的大讨论。十一届三中全会从根本上冲破长期"左"的错误的严重束缚，端正了党的指导思想，重新确立了马克思主义的思想路线、政治路线和组织路线，实现了新中国成立以来党的历史上具有深远意义的伟大转折。党对重大历史是非进行认真清理，采取一系列措施平反冤假错案，落实有利于增强团结和调动一切积极因素的各项政策。十一届六中全会专门作出《关于建国以来党的若干历史问题的决议》，根本否定"文化大革命"和"无产阶级专政下继续革命"的理论，同时坚决顶住否定毛泽东和毛泽东思想的错误思潮，维护了毛泽东的历史地位，肯定了毛泽东思想的指导作用。随着国内局势的发展和国际局势的变化，越来越显示出党作出这个重大决策的政治勇气和政治远见。

应对 20 世纪 80 年代末 90 年代初国际国内政治风波的冲击，引领改革开放和社会主义现代化建设航船沿着正确方向前进。1989 年春夏之交，国内发生政治风波，1989 年到 1991 年国际上发生东欧剧变、苏联解体，世界社会主义出现严重曲折，我国社会主义事业面临新的巨大困难和压力。以美国为首的西方国家借机对我国在政治上施压，在经济上搞所谓"制裁"。党面临改革开放以来最严峻的挑战和考验。在决定党和国家前途命运的重大历史关头，党紧紧依靠人民，在邓小平等老一辈革命家支持下，果断平息政治风波，捍卫了社会主义国家政权，捍卫了人民的根本利益。同时毫不动摇地全面坚持党的基本路线，继续抓住经济建设这个中心，努力纠正"一手比较硬、一手比较软"的现象，加强思想政治工作和党的建设工作，保证了改革开放和现代化建设沿着正确方向继续前进。1992年邓小平视察南方发表重要谈话，从理论上深刻回答了长期困扰和束缚人们思想的许多重大问题。同年召开的党的十四大，确立邓小平理论在全党的指导地位，确定建立社会主义市场经济体制的改革目标，作出抓住机遇加快发展的战略决策。以邓小平南方谈话和党的十四大为标志，中国改革开放和现代化建设进入一个新的阶段。

应对1997年下半年亚洲金融危机冲击和1998年严重洪涝灾害，保持经济平稳较快发展，取得抗洪抢险全面胜利。1997年7月以后，东南亚一些国家和韩国相继发生金融危机，日本也出现金融动荡。短短半年时间，亚洲经济遭受重创，国际金融市场动荡不止，世界经济环境日益恶化。这场金融危机，是中国对外开放走向世界进程中遭遇到的第一次国际经济变局带来的重大冲击。党中央果断采取扩大内需的措施，综合运用财税、货币和投资等宏观调控手段，在剧烈动荡的国际经济环境中保持了经济平稳较快增长。在周边国家货币大幅度贬值情况下，中国坚持人民币不贬值，对亚洲乃至世界金融和经济稳定作出积极贡献。在应对亚洲金融危机过程中，1998 年入汛后国内一些地方发生严重洪涝灾害，长江发生继 1954 年以来又一次全流域性大洪水，给灾区群众生命财产造成重大损失，对国民经济发展带来直接影响。面对大洪水的袭击，在党中央坚强领导下，举国上下紧急动员，军民一致协同作战，夺取了抗洪抢险斗争的全面胜利，把损失减少到最低限度，大灾之年农业仍然取得好收成。

应对 2003 年突如其来的非典疫病灾害，取得防治非典和保持经济较快增长的双胜利。2003 年春天，我国遭遇了一场突如其来的非典疫病灾害，广东、北京尤为严重，引起举国上下担忧，也受到国际社会关注。这是新中国成立以来遭遇到的第一次如此大规模的公共卫生事件。能否迅速制止非典蔓延，有效救治病患，尽快解除疫情对广大群众健康和生命安全的严重威胁，是对中国共产党执政能力的严峻考验。党中央果断作出一系列重大决策部署，明确提出沉着应对、措施果断、依靠科学、有效防治、加强合作、完善机制的总要求，确定早发现、早报告、早隔离、早治疗的措施；成立统一指挥和协调全国防治工作的指挥部，在全国范围内实行群防群治，统一调度人力物力财力，充分发挥城乡基层组织的作用。党中央一手抓防治非典不放松，一手抓经济建设不动摇，最大限度地减轻了疫情对经济发展的影响。这场艰苦卓绝的斗争，极大地提高了中国共产党和中国人民战胜困难的勇气和能力，也积累了应对突发事件的重要经验。

应对四川汶川特大地震等重大自然灾害和拉萨"3·14"事件、乌鲁木齐"7·5"事件，取得抗灾救灾重大胜利，保持了西藏、新疆稳定。2008年初，南方大部分地区遭遇新中国成立以来罕见的大面积雨雪冰冻灾害，5月12日四川汶川又发生新中国成立以来破坏性最强、波及范围最广、救灾难度最大的特大地震。2010年4月14日青海玉树发生强烈地震，8月8日甘肃舟曲发生特大山洪泥石流灾害。2008年3月14日，拉萨市发生"藏独"暴徒打砸抢烧事件。2009年7月5日，乌鲁木齐市发生新中国成立以来人员伤亡最多、损失最大、影响最恶劣的打砸抢烧严重暴力犯罪事件。这些突发事件，既有天灾又有人祸，发生时间集中，前后交替，此起彼伏，使人民生命财产和经济社会发展遭受巨大损失，使国家安全受到严重危害。党中央领导全党全军全国人民团结奋战，有效应对一场场抢险救灾和反分裂斗争。特别是汶川大地震紧急救援，是我国历史上动员范围最广、救援速度最快、投入力量最大的救灾斗争，人民生命财产损失得到最大程度的挽救。"3·14"事件和"7·5"事件也在短时间内得到平息，维护了当地正常社会秩序。

应对国际金融危机严重冲击造成的困境，遏止了经济增长明显下滑态势，在全球率先实现经济形势总体回升向好。2008 年 9 月以来，由美国次贷危机引发的国际金融危机，使全球经济遭受到 20 世纪大萧条以来最严重的挑战。在国际金融危机影响下，我国出口急剧回落，部分企业经营困难，社会就业面临巨大压力，进而导致经济增长速度迅速下滑，使 2009 年成为新世纪以来我国经济社会发展最为困难的一年。党中央全面分析和及时判断国内外经济形势的复杂变化，制定并完善一系列保增长、扩内需、调结构政策，全面实施并不断完善应对国际金融危机的"一揽子"计划，迅速扭转了经济增速明显下滑的局面，全面完成了"十一五"规划确定的目标任务。中国在 2009 年取代德国成为世界上最大的出口国，2010 年又超越日本成为世界第二大经济体。同时，中国积极参与国际对话与合作，阐述中国立场，发出中国声音，以中国经济发展促进世界经济复苏，充分展示了负责任大国形象。

在中国这样的东方大国领导革命、建设、改革，是根本改造中国、造福中国的历史伟业，是前人根本没有干过的崭新事业，面对的困难和矛盾之多、经历的挑战和风险之大是世界上任何政党所不能比拟的，因而在奋斗历程中必然有胜利也有挫折、有高潮也有低潮、有顺境也有逆境。中国共产党团结带领中国人民跨过一道又一道沟坎，饱受磨难而自强不息，历经挫折而愈挫愈勇，备尝艰辛而愈加成熟。正如习近平总书记在讲话中所说："95年来，中国走过的历程，中国人民和中华民族走过的历程，是中国共产党和中国人民用鲜血、汗水、泪水写就的，充满着苦难和辉煌、曲折和胜利、付出和收获，这是中华民族发展史上不能忘却、不容否定的壮丽篇章，也是中国人民和中华民族继往开来、奋勇前进的现实基础。"历史证明：中国共产党确实是勇担历史重任、为中国人民和中华民族的根本利益不懈奋斗并作出最大牺牲的党；是历经磨难、久经考验，任何敌人和困难都压不倒、摧不垮的党。这样的党，是不可战胜的。

(二)

回望95年中国革命、建设、改革事业波澜壮阔的不平凡历程，中国共产党应对危局和困境的这些伟大实践给了我们什么重要启示呢？

这些伟大实践启示我们，一定要坚持马克思主义的指导地位，坚持把马克思主义基本原理同中国具体实际和时代特点紧密结合起来，不断推进马克思主义中国化、时代化、大众化。

中国共产党因对马克思主义信仰而成立，也因对马克思主义信仰而发展壮大。95 年来，中国共产党之所以能够完成近代以来各种政治力量不可能完成的艰巨任务，之所以能够以超乎寻常的胆略、毅力、智慧化解各种危局和困境，就在于始终把马克思主义这一科学理论作为自己的行动指南，并坚持在实践中不断丰富和发展马克思主义。

中国共产党把马克思主义作为自己的指导思想，这使党一成立就得以用先进的理论武装起来，牢牢占据了人类思想理论的制高点，能够以唯物辩证的科学精神、无私无畏的博大胸怀领导和推动中国革命、建设、改革。这种先进性，正是中国共产党成立之前和成立之后中国其他政党和政治组织不具备的，也是历史和人民选择中国共产党领导中华民族伟大复兴事业的一个根本依据。马克思主义的指导地位必须坚持，任何时候任何情况下都不能动摇。

马克思主义发展史告诉我们，无论搞革命还是搞建设，照抄照搬本本，照抄照搬别国经验，从来就不能成功。只有把马克思主义同本国实际相结合，才能找到通向胜利的途径。中国共产党在上世纪二三十年代，曾经犯过把马克思主义教条化和把外国经验神圣化的幼稚病，导致了 1927 年大革命的失败和 1934 年反"围剿"的失败。上世纪五六十年代，党对社会主义建设规律和社会主义社会主要矛盾的认识发生严重偏差，出现"大跃进"和"文化大革命"的严重挫折。刘少奇在总结民主革命时期党的经验教训时曾说："中国党的组织能力并不弱。中国党的英勇牺牲精神亦是很好的。数十万党员被人割去头颅的白色恐怖，亦不能威胁我们的党员放弃自己马列主义的旗帜。"中国共产党过去的失败，"都是指导上的失败"，"而并不是工作上的失败"。这是"过去历史上我们最吃亏的地方"。这里说的"指导上的失败"，就是指党在理论和路线上发生的严重错误。这些经验教训，需要永远汲取。

今天，时代变化和中国发展的广度和深度远远超出了马克思主义经典作家当时的想象，迫切需要我们在实践上大胆探索，在理论上不断突破。习近平总书记指出："当代中国的伟大社会变革，不是简单延续我国历史文化的母版，不是简单套用马克思主义经典作家设想的模板，不是其他国家社会主义实践的再版，也不是国外现代化发展的翻版，不可能找到现成的教科书。"这就必须进一步解放思想，以更加宽阔的眼界审视马克思主义在当代发展的现实基础和实践基础，坚持问题导向，坚持以我们正在做的事情为中心，深入推动马克思主义同当代中国发展的具体实际相结合，不断把马克思主义中国化推向前进。

这些伟大实践启示我们，一定要坚持理想信仰不动摇、革命意志不涣散、奋斗精神不懈怠，始终不渝地为实现中国特色社会主义共同理想和共产主义远大理想而奋斗。

人无信仰不立，党无信仰不存。中国共产党之所以叫共产党，就是因为从成立之日起党就把共产主义确立为远大理想；中国共产党之所以能够经受一次次挫折而又一次次奋起，归根到底是因为党有远大理想和崇高追求。从建党的"开天辟地"，到新中国成立的"改天换地"，再到改革开放的"翻天覆地"，今天又领着人民创造了举世瞩目的"中国奇迹"，这些伟业都是在共产主义、社会主义理想和纲领的引领下取得的。正是这种由信仰而生的凝聚力，吸引了一批又一批中国工人阶级和中国人民、中华民族的先进分子加入中国共产党的队伍，造就了一批又一批"不爱财、不为官、不怕死，就为这个事业，为心中的主义的'真人'"。"铁肩担道义，妙手著文章"的李大钊，"砍头不要紧，只要主义真"的夏明翰，豪迈举行刑场婚礼的周文雍、陈铁军，腹中满是草、饿死不变节的杨靖宇，"生的伟大，死的光荣"的刘胡兰，竹签钉十指、誓死不叛党的江姐，以及千千万万慷慨赴死的共产党员，都用大义凛然的英雄壮举诠释了共产党人对远大理想的坚贞。邓小平说得好："为什么我们过去能在非常困难的情况下奋斗出来，战胜千难万险使革命胜利呢？就是因为我们有理想，有马克思主义信念，有共产主义信念。"

习近平总书记在讲话中说，一个政党的衰落，往往从理想信念的丧失或缺失开始。这话千真万确。曾几何时，信仰的力量使苏联共产党在只有 20 万党员的情况下夺取了政权，在有 200 万党员的情况下打败了法西斯侵略者；然而也正是信仰的坍塌，让他们在有 2000 万党员时失去了政权。信仰缺失，精神迷茫，也是我们党一些领导干部贪腐变质的总根子。为什么有些管灵魂的出卖灵魂，管反腐的带头腐败，管干部的带头卖官鬻爵，讲艰苦奋斗的带头贪图享乐？从根本上说就是这些人理想信念这个"总开关"出了严重问题。现在，社会深刻变革、思想激烈交锋，给共产党人的理想信念带来前所未有的冲击。社会环境越是错综复杂，共产党人越要加强党性修养，坚定心中的信仰，挺起信念的脊梁，永远不要失去共产党人安身立命的根本。

这些伟大实践启示我们，一定要坚持一切为了人民、一切依靠人民，从人民群众的智慧和力量中汲取推动事业发展的不竭动力，不断把为人民造福事业推向前进。

中国共产党是在与人民群众密切联系中诞生和成长的，是在诚心诚意为人民谋利益的奋斗中发展和壮大的。在党 95 年发展历程中，没有一种力量比人民更强大，没有一种根基比人心更坚实。老一辈革命家习仲勋曾意味深长地说："人民就是江山，江山就是人民。"这 12 个字，把共产党和人民之间的鱼水关系、舟水关系说透了。

95 年风雨征程。从"小米供养了革命"到"小车把革命推过了长江"，从太行绝壁上的"红旗渠"到"大包干"契约上的红手印，从新经济组织蓬勃发展到遍及世界各地的"中国制造"，凡此等等反复证明：人民群众始终是中国革命、建设、改革的力量源泉。特别是在形势最困难的时候，只要中国共产党振臂一呼，人民群众就会跟随响应，形成不可阻挡的前进伟力。土地革命战争时期，中央根据地瑞金县 24 万人口中，就有 4.9 万人参加革命，3.1 万人参加长征，牺牲在长征途中的就有 1 万余人。兴国县 23 万人口中，参加红军的有 8.5 万人，牺牲在长征途中的就有 1.2 万人。"大跃进"后国民经济进行调整，1961 年到 1963 年全国共精简职工 1887 万人，减少城镇人口 2600 万人，这项工作困难很大却进行得平稳顺利。邓小平在回顾这件事时指出："那一次调整国民经济进行得比较顺利，是什么原因呢？就是因为党和群众的关系密切，党的威信比较高。""单单两千万人下放这一件事情，就不容易呀。如果党和政府没有很高的威信是办不到的。"这些情况都说明，党与人民风雨同舟、生死与共，始终保持血肉联系，是党战胜一切困难和风险、成功应对各种危局和困境的根本保证。

中国共产党的最大政治优势是密切联系群众，党执政后的最大危险是脱离群众。脱离群众，就是挫折的开始，就是失败的开始。无论过去、现在还是将来，无论战胜敌人、战胜困难还是战胜自身，全心全意为人民服务都是中国共产党永恒不变的宗旨，都是党一切工作的根本出发点和落脚点，都是共产党人战胜一切困难和风险的最重要最根本力量来源。

这些伟大实践启示我们，一定要坚持实事求是、一切从实际出发、在实践中检验真理和发展真理的思想路线，及时总结正反两方面经验教训，始终保持修正错误的勇气、坚持真理的决心、走出挫折的力量。

170

　　革命政党总是要反复经过正反两方面教育，经过比较和对照，才能锻炼得成熟起来，才能赢得胜利。说中国共产党是伟大、光荣、正确的党，并不是因为党从来不犯错误，而在于党能够自己总结经验、纠正错误，通过吸取教训提高对客观规律的认识，使错误成为正确的先导，从而获得新的更加强大的生机和活力。民主革命时期，总结反思大革命的失败，毛泽东提出枪杆子里面出政权的战略思想，遵义会议后纠正王明错误路线，中国革命出现崭新局面。社会主义建设时期，总结反思"大跃进"的教训，探索出社会主义建设规律的宝贵经验。十一届三中全会以后，总结反思"文化大革命"的沉痛教训，开创了改革开放和社会主义现代化建设新局面。

　　这些实践表明，成功是党的财富，挫折和失败也是党的财富。邓小平称"文化大革命"也有一"功"："它提供了反面教训。……变成了我们的财富。"某种意义上说，成功所能提供的经验是有限的，大量珍贵难得的经验教训掩藏在挫折和失败里面。关键看能不能冷静虚心、理性科学地进行研究总结，真正弄清楚为什么受挫折、为什么会失败。从别人所犯错误中学习是进步，从自己所犯错误中学习是更大的进步，因为自己所犯的错误往往是更好的教科书。中国共产党对革命、建设、改革中出现的严重失误不讳言、不回避，而是公开郑重地承认并反思错误、改正错误，以错误为鉴。对于"大跃进"的失误，毛泽东主动承担责任，并且告诫全党："这些教训都要牢牢记住，要经常向人们讲，永远不要忘记。"邓小平1989年曾深刻指出：改革开放10年来我们的最大失误是教育，主要是政治思想教育抓得不够，这一手比较软。所有这些，充分体现了中国共产党勇于自我批评、敢于修正错误、始终追求真理的可贵政治品质和自我净化、自我提高能力。中国共产党作出的《关于若干历史问题的决议》和《关于建国以来党的若干历史问题的决议》，就是对党在民主革命时期和新中国成立后正反两方面经验教训作出的科学总结，具有长期的指导性。

这些伟大实践启示我们，一定要建设一支以党的领导为根本原则、以马克思主义为理论武装、以全心全意为人民服务为根本宗旨的人民军队，充分发挥这支军队在革命、建设、改革中的应有作用。

南昌起义，把中国共产党独立领导新型人民军队的壮举载入史册。三湾改编，确立了"支部建在连上"的原则，奠定了党对军队绝对领导的思想和组织基础。古田会议，确立了思想建党、政治建军原则，提出了如何把以农民为主要成分的军队建设成为无产阶级性质的新型人民军队的原则方向。从此，在党领导下，逐步建立健全了人民军队政治工作一系列方针、原则、制度，保证了军队始终是党绝对领导下的革命军队，党指向哪里就能打到哪里。在人民军队的历史上，为什么从来没有一支成建制的队伍被敌人拉过去，也没有任何人能利用军队来达到个人目的？因为这支军队从来是听党指挥的，而不是听哪个人的。正是靠着富有成效的政治工作，人民军队像一个大熔炉，把农民、旧军人、俘虏兵统统熔化改造成为英勇的革命战士。这支军队经历大大小小几百场战争，之所以艰难奋斗而不溃散，屡经挫折愈加顽强，高歌猛进决战决胜，最根本的就是有党的正确领导，有一代代官兵的奉献和忠诚。没有这样一支人民的军队，不可能有人民的解放和国家的独立。1949 年 3 月 5 日，毛泽东在七届二中全会上就说过："所谓人民共和国就是人民解放军，蒋介石的亡国，就是亡了军队。"

当年，国民党在苏联帮助下建立黄埔军校，初衷也是想建立一支由国民党和党的领袖完全控制的"党军"。可实际上，国民党军队既没有成为"党军"，更不是"国军"，而是不同军系及其将领们拥兵自重的"私军"。蒋介石在大陆期间，从来没有实现真正的统一特别是军队方面的统一。不同军系之间存在着尖锐矛盾，在局势危急时内部矛盾冲突更加剧烈。即使在蒋系内部也矛盾重重，战场上保存实力、见死不救已是常态。这样的军队，败亡是必然的。

历史启迪现实、昭示未来。环顾当今国际形势和国内局势，民族和国家的命运从来没有像今天这样与国防和军队的强弱休戚相关。这就必须坚持党对军队的绝对领导，牢牢把握党在新形势下的强军目标，全面实施政治建军、改革强军、依法治军，拓展和深化军事斗争准备，着力培养有灵魂、有本事、有血性、有品德的新一代革命军人，努力建设一支听党指挥、能打胜仗、作风优良的人民军队。

这些伟大实践启示我们，一定要与时俱进加强和改进党的建设，保持党的先进性和纯洁性，提高领导能力和领导水平，增强抵御风险和拒腐防变能力，确保党始终成为中国革命、建设、改革的坚强领导核心。

中国革命、建设、改革的实践证明：坚持和完善党的领导，是党和国家的根本所在、命脉所在，是全国各族人民的利益所在、幸福所在。苏联解体后，前苏共中央政治局委员利加乔夫经过对比中国的情况后尖锐地提出："为什么我国的所谓改革导致一个世界大国解体，使千百万人民陷入贫困，处于无权地位，把我们俄罗斯抛到了资本主义一边；而中国的经济改革却能把国家引导到建设、进步、改善人民生活的道路上，使中国进入了世界大国的地位呢？"他认为："第一个也是最重要的因素是中国共产党的领导作用。"

中国共产党之所以能够成功，关键在于党能够与时俱进地加强和改善党的领导，在于党始终坚持围绕党的政治路线和中心任务加强和改进党的建设，形成了自己独特的优势。党坚持推进马克思主义中国化并用中国化理论成果武装全党，坚持用科学理论和革命精神教育党员和干部为实现共同目标而奋斗，这是巨大的理论优势。党坚持远大理想和现实纲领相统一，始终站在时代前列引领中国社会前进，坚持独立自主、自力更生，建立和执行铁的纪律，这是巨大的政治优势。党集中中国工人阶级和中国人民、中华民族数量众多的先进分子，集中全国各个民族各个领域德才兼备的优秀人才，建立科学严密的组织体系，具有强大组织动员力和执行力，这是巨大的组织优势。党坚持民主基础上的集中和集中指导下的民主相结合，保持党的团结统一和蓬勃动力，这是巨大的制度优势。党坚持全心全意为人民服务宗旨，坚持群众路线和群众观点，坚持党的一切工作体现人民意志、利益和要求，这是密切联系群众的优势。这些优势是党的性质、宗旨的集中体现，是党

175

始终保持先进性和纯洁性的法宝，具有决定性的意义和力量。正是具有这些优势并能够发挥作用，使中国共产党能够在各种困难和考验面前巍然屹立、勇往直前，领着人民干成世界上前所未有的奇迹。

反观中国国民党，之所以在大陆丢掉政权败撤台湾，从根本上说是由其阶级属性决定的，从建党管党治党角度看也有其重要原因。国民党奉行"以党治国"，但自身组织松散，上层有党、下层无党，城市有党、乡村无党，党部在地方一般只设到县一级、在军队只设在团一级，党成了泥足巨人。国民党对党员的管理也十分混乱，党员入党脱党都十分随意。只要称兄道弟很容易混进党内，经常是报纸上登个招生、招聘启事，就接受一批党员。而且内部派系林立，相互倾轧，造成严重内耗。这样一个党，同有那么多独特优势的中国共产党较量怎么能不败呢？

中国共产党化解各种危局和困境的历史告诉我们，在实践中形成党的坚强领导核心，关系党和国家的兴衰成败。遵义会议前，党没有形成坚强的领导核心，中国革命几经挫折，甚至面临失败的危险。遵义会议确立了毛泽东的领导地位，中国革命才转危为安。邓小平在谈到这个问题时曾深刻指出："任何一个领导集体都要有一个核心，没有核心的领导是靠不住的。""只要有一个好的政治局，特别是有一个好的常委会，只要它是团结的，努力工作的，能够成为榜样的，就是在艰苦创业反对腐败方面成为榜样的，什么乱子出来都挡得住。"邓小平这个重大论断，已被党的历史和现实一再证明。

（三）

中国共产党成立95年来，大体上经历革命、建设、改革三个时期，干了三件大事：从1921年建党到1949年新中国成立这28年，完成新民主主义革命、建立中华人民共和国，实现了从几千年封建专制政治向人民民主的伟大飞跃；从新中国成立到十一届三中全会这29年，完成社会主义改造、确立社会主义基本制度，实现了中华民族由不断衰落到根本扭转命运、持续走向繁荣富强的伟大飞跃；十一届三中全会以后这30多年，进行改革开放新的伟大革命、开辟中国特色社会主义道路，实现了中国人民从站起来到富起来、强起来的伟大飞跃。这三件大事使中国发生的变革变化之大之广，这种变革变化的政治影响和社会意义，在人类发展史上都是极其罕见的。

历史的脚步在继续前进。以党的十八大为标志，中国共产党从新的历史起点出发，开始了改革开放和社会主义现代化建设的新征程。

这是朝着实现全面建成小康社会奋斗目标最后冲刺的新征程，是朝着实现中华民族伟大复兴中国梦坚定迈进的新征程。1840年鸦片战争之后，中华民族遭受了前所未有的苦难和危机，实现民族复兴成为一代又一代中国人的夙愿和奋斗目标。中国共产党的诞生，使这一复兴事业焕然一新。新中国的成立，开始了在人民当家作主和社会主义基础上推进民族复兴的历史进程。30多年的改革开放，赋予这一复兴以新的强大生机和活力，中华民族伟大复兴展现出前所未有的光明前景。中国已经成为世界第二大经济体、第一大贸易国、第一大工业国、第一大外汇储备国、第二大对外投资国，中国还是联合国创始国、安理会常任理事国。今天，我们比历史上任何时期都更接近中华民族伟大复兴的目标，比历史上任何时期都更有信心、有能力实现这个目标。

这又是在错综复杂的国际国内形势中有效解决党和国家发展中面临的突出矛盾和问题，着力化解各种严峻挑战和重大风险的新征程。中国在经历了30多年的改革开放后，解决了许多旧的矛盾和问题，也积累和产生了不少新的矛盾和问题。邓小平在1993年就曾预言性地指出："过去我们讲先发展起来，现在看，发展起来以后的问题不比不发展时少。"习近平总书记也强调:"当前,全党面临的一个重要课题,就是如何正确认识和妥善处理我国发展起来后不断出现的新问题。"按照既定的部署,中国共产党把全面建成小康社会和建成富强民主文明和谐的社会主义现代化国家的目标确定在 2021 年和 2049 年,这就意味着中国把西方国家三四百年走完的现代化发展进程压缩到一百年内完成,同步实现新型工业化、信息化、城镇化、农业现代化,这无疑是极为艰巨的任务。

习近平总书记在讲话中特别强调,全党要时刻准备应对重大挑战、抵御重大风险、克服重大阻力、解决重大矛盾,坚持和发展中国特色社会主义,坚持和巩固党的领导地位和执政地位,使我们的党、我们的国家、我们的人民永远立于不败之地。这是在科学总结历史经验和全面研判国内外形势基础上对全党提出的战略要求。远的不说,今后 5 年乃至更长时间,可能就是中国发展面临的各方面风险不断积累甚至集中显露的时期。这些风险,既包括国内的经济、政治、意识形态、社会风险以及来自自然界的风险,也包括国际经济、政治、军事风险等。而且各种风险往往不是孤立出现的,很可能相互交织甚至形成一个风险综合体。如果发生重大风险又化解不了,国家安全就可能面临重大威胁,中国的现代化进程就可能被迫中断。

综合起来看，以下几个方面的风险考验需要格外重视。

一是如何以新发展理念引领发展实践，加快发展方式转变，提高发展质量和效益，保持经济社会持续健康发展。

过去 30 多年，我国经济快速发展，显著改善了人民生活，大幅度提升了我国的经济实力、综合国力和国际竞争力，同时也付出了资源枯竭和环境恶化的代价。随着国际金融危机灾难加重，我国经济增长速度换挡期、结构调整阵痛期、前期刺激政策消化期这三期叠加的矛盾凸显出来，造成经济增长速度下滑，经济下行压力急剧增大。如何保持正常区间的经济发展速度，确保全面建成小康社会经济增长目标的如期达成，同时缩短经济结构调整的阵痛期，尽快使新的增长动能担当重任，必须面对和解决好。

改革开放以来，我国 6 亿多人摆脱了贫困，这是人类发展史上的壮丽篇章。同时，这 30 多年贫富差距也在不断拉大。北京大学中国社会科学调查中心发表的一项报告表明：当今中国收入最高的 1% 家庭拥有全国 1/3 的财富，收入最低的 1/4 家庭只有 1%。按照现行标准，我国还有 5575 万人口尚未脱贫。如何做到既通过发展社会主义市场经济来解放和发展生产力，又促进社会公平正义、解决贫富差距过大问题，使全体人民共享发展成果，同样必须面对和解决好。

世界范围的统计显示，人均国民收入达到 3000 美元以后，许多国家因经济无法由依赖廉价劳动力或资源能源自然禀赋向依靠高生产力导向的增长模式转变，而陷入经济增长停滞期。这就是所谓的"中等收入陷阱"。

世界上体量较大的经济体，包括像巴西、阿根廷这样自然禀赋极佳的国家都深陷泥潭。在东亚，只有韩国、新加坡和中国香港、中国台湾成功摆脱了"中等收入陷阱"。中国正处于中等收入发展阶段。按照世界银行的标准，2015 年中国人均国内生产总值达到约 8000 美元，已经进入中等收入偏上国家行列。这是世界上第一个超过 13 亿人口的大国如此接近高收入国家的关口，也是世界上最大规模的发展模式转型。能不能驾驭好世界第二大经济体，能不能保持经济持续健康发展，从根本上讲取决于中国共产党在经济社会发展中的领导作用发挥得好不好。

二是如何应对愈益错综复杂的国际形势，既矢志不渝坚持和平发展，又坚定维护国家主权、安全和发展利益，走出一条近代以来世界上从未有过的大国和平崛起新路。

当今世界正处于过去 500 多年从未有过的大变局，是一个新机遇新挑战层出不穷的世界，是一个国际体系和国际秩序深度调整的世界，是一个国际力量对比深刻变化的世界。尽管和平、发展、合作的世界潮流浩荡向前，但国际格局发展演变的复杂性、世界经济调整的曲折性、去全球化进程的持续性、国际矛盾斗争的尖锐性、国际秩序之争的长期性都变得越来越突出。在国际治理中如何唱响中国理念、中国主张、中国方案，急需发掘和贡献中国智慧。

当今中国是一个全方位开放和全面深化改革的中国，是一个同国际社会互联互动变得空前紧密的中国，是一个对内决策的国际意义和对外决策的国内影响显著提升的中国。尽管中国总体上仍处于可以大有作为的重要战略机遇期，但也面临诸多矛盾叠加、风险隐患增多的严峻挑战；而且越是接近实现中华民族伟大复兴的目标，面临的新情况新问题新挑战越多。特别要看到，随着中国综合国力持续增强，一些国家同我国发展的摩擦上升，而那些不愿意看到中国发展的势力对我国的戒备和防范心理加重，联手对我国进行牵制和遏制，我们集中力量发展经济的外部条件发生深刻变化。如何在维护国家主权、安全、发展利益中努力维护我国发展重要战略机遇期，是需要把握和处理好的重大问题。

中国是周边环境最为复杂的大国，不仅邻国数量最多、核国家最多、人口过亿国家最多、热点难点问题最多，而且与 10 个邻国的领土领海争端尚未解决。随着中国快速发展对地区格局的牵动作用增大扩散，周边国家政治经济社会转型推进、发展和安全面临的难题增多，域外一些大国加大力度卷入搅局，地区合作机制重叠交叉突出，主要国家关系重组加快，特别是周边大国不断调适对华关系，中国打造稳固周边战略依托的任务十分艰巨。

总而言之，面对世界风云的快速变幻和和平崛起道路上的重重挑战，牢牢把握坚持和平发展、促进民族复兴这条主线，更加重视统筹国内国际两个大局，更加重视统筹发展安全两件大事，积极推动构建以合作共赢为核心的新型国际关系和打造人类命运共同体，积极推动形成有利于中国和平发展的国际环境和周边环境，考验着中国共产党的治国理政能力。

三是如何全面从严治党，成功应对"四大考验"、化解"四种危险"，更好凝聚党心民心，在实现"两个一百年"奋斗目标中更好发挥党的领导核心作用。

办好中国的事情关键在于中国共产党，在于党要管党、从严治党。中国共产党已持续进行了 67 年"赶考"，考出了优异成绩，但考试远没有结束，还要持续进行下去。这场考试的本质集中到一点，就是中国共产党能不能在世界形势深刻变化的历史进程中始终走在时代前列，在应对国内外各种风险考验的历史进程中始终成为人民的主心骨，在坚持和发展中国特色社会主义的历史进程中始终成为坚强的领导核心，带领人民实现中华民族的伟大复兴。

今天，中国共产党已经拥有8875.8万名党员和441.3万个基层党组织，是世界上规模最大的政党。如此规模的党，具有不可估量的强大势场，具有排山倒海的正能量，同时教育管理党员和党组织的任务又极其艰巨。中国共产党是中国唯一的执政党，党的形象和威望、党的创造力凝聚力战斗力不仅直接关系党的命运，而且直接关系国家的命运、人民的命运、民族的命运。在新的历史起点上坚持和发展中国特色社会主义，党面临的执政考验、改革开放考验、市场经济考验、外部环境考验是长期的、复杂的、严峻的，精神懈怠的危险、能力不足的危险、脱离群众的危险、消极腐败的危险十分尖锐地摆在全党面前。党的十八大以来，9名十八届中央委员、13名十八届中央候补委员和为数不少的省部级干部"落马"，尤其是查处了周永康、薄熙来、徐才厚、郭伯雄、令计划这样的人，使"四大考验"、"四种危险"的问题更加突出起来。

新中国成立不久，毛泽东同中国历史学家谈话时曾说："治国就是治吏，礼义廉耻，国之四维；四维不张，国将不国。如果臣下一个个都寡廉鲜耻，贪污无度，胡作非为，而国家还没有办法治理他们，那么天下一定大乱，老百姓一定要当李自成。国民党是这样，共产党也会是这样。"邓小平早就说过："中国要出问题，还是出在共产党内部。"因此，打铁还须自身硬。如何从严管党治党，促使广大共产党员首先是党的各级领导层警钟长鸣、励精图治，进一步振奋起来、进一步行动起来，以自我革命的政治勇气，祛病疗伤，激浊扬清，不断增强党自我净化、自我完善、自我革新、自我提高能力，不断提高执政能力和抵御风险能力，始终保持长盛不衰，始终立于不败之地，这是关系中国特色社会主义事业命运、关系国家和民族前途的重大政治问题。

归结起来说，中国如今已走到一个历史紧要关头。一方面，中国从来没有如此接近民族复兴梦想，中国发展仍然面临着重要战略机遇期；另一方面，形势环境变化之快、改革发展稳定任务之重、矛盾风险挑战之多都前所未有。肩负着引领中国实现从发展中国家向中等发达国家历史性跨越的中国共产党，使命极其光荣，考验也极其艰巨。

邓小平有句名言："我们要赶上时代，这是改革要达到的目的。""赶上时代"、"民族复兴"、"中国梦",意思都是说,中国要跟上时代进步潮流,全面实现现代化。

拥有近14亿人口的中国迈入社会主义现代化,是一个什么样的概念呢?当今世界完成工业化的发达国家和地区的人口总和不到10亿人,约占世界总人口的15%。而中国大陆的人口已经达到13.68亿人(2014年数据),约占全球人口总数的20%。就是说,中国实现社会主义现代化,迈入发达国家行列,将超过几个世纪以来全世界所有国家和地区现代化人口的总和。世界大多数统计学家认为,不管采取什么样的口径,按照目前的发展态势,中国的经济总量很有可能在未来10至15年超过美国,重新回到昔日曾经拥有的世界第一经济体的位置。到21世纪中叶,中国实现了"两个一百年"目标,尽管人均GDP还只能达到世界最发达国家的中等水平,中国总体上还只能算是中等发达国家。但一个有5000年文明史、有960万平方公里陆地面积、有15亿人口(2050年人口预测数)的社会主义国家,一个世界上最大的发展中国家,用一个世纪的时间实现了建成富强民主文明和谐社会主义现代化国家的奋斗目标,这是中国历史上乃至人类发展史上何等伟大、何等豪迈、何等雄奇的事业!

50多年前的1962年,毛泽东曾豪迈地预计:"从现在起，五十年内外到一百年内外，是世界上社会制度彻底变化的伟大时代，是一个翻天覆地的时代，是过去任何一个历史时代都不能比拟的。处在这样一个时代，我们必须准备进行同过去时代的斗争形式有着许多不同特点的伟大的斗争。……要准备着由于盲目性而遭受到许多的失败和挫折，从而取得经验，取得最后的胜利。"

沧海横流，方显英雄本色。党的十八大以来这几年，以习近平同志为总书记的党中央带领全党全国人民全面展开具有许多新的历史特点的伟大斗争，理论上有新发展，提出了一系列治国理政新理念新思想新战略，实践上有新创造，党、国家、军队的面貌焕然一新，全党振奋、人民高兴、世界瞩目。今日之中国，在以习近平同志为总书记的党中央坚强领导下，中国共产党带领中国人民正在向"两个一百年"目标迈进，正在为人类进步事业继续开拓着中国道路、创造着中国经验、提供着中国方案。这无疑是充分展示人类雄心和智慧的无与伦比的伟大创举，值得全体中国共产党人和全体中国人民为之满腔豪情地不懈奋斗。

俱往矣，数风流人物，还看今朝！

（原载《学习时报》2016 年 7 月 21 日）

中国共产党的郑重选择

——论六中全会明确习近平总书记的核心地位

（2016 年 10 月 31 日）

当今世界正在发生重大而深刻的变化。当代中国正在进行伟大而深刻的变革。中国正在进入世界舞台中心，中华民族比历史上任何时候都更接近实现伟大复兴的目标。这是一个风云际会、成就大业的时代，这是一个需要雄才大略的政治领袖也能够造就这样的政治领袖的时代。

党的十八届六中全会主题重要、意义重大、成果丰硕。最具标志性历史性意义的成果，就是明确了习近平总书记的核心地位，正式提出"以习近平同志为核心的党中央"。信息一经公开，党心大振、军心大振、民心大振，全党全军全国各族人民一片欢腾。历史一定会不断证明：党的十八届六中全会这个决定，是中国共产党的郑重选择，不仅将造福中国，而且将影响世界。

（一）

中国共产党是执政党，党的领导是中国特色社会主义最本质的特征，是中国特色社会主义制度的最大优势，是做好党和国家各项工作的根本保证。坚持党的领导，首先是坚持党中央的集中统一领导。我们这样一个有13亿多人口的大国，必须有一个众望所归的领袖；我们这样一个有8800多万名党员和440多万个党组织的大党，必须有一个党心所向的核心；我们这样一支党绝对领导下的人民军队，必须有一个雄韬伟略的统帅。这是中国革命、建设、改革实践所揭示的一条规律，已被历史和现实充分证明。有了这样的领袖、这样的核心、这样的统帅，有了党中央的集中统一领导，才能一呼百应，把全党全军全国各族人民紧密地团结起来，形成排山倒海的磅礴力量，去不断推进中国特色社会主义伟大事业和党的建设新的伟大工程，不断赢得具有许多新的历史特点的伟大斗争的胜利。党的十八届六中全会提出"一个国家、一个政党，领导核心至关重要"，强调"坚决维护党中央权威"，抓住了党和国家事业全局的关键和要害；全会明确习近平总书记的核心地位，正式提出"以习近平同志为核心的党中央"，对全党团结一心、不忘初心、继续前进，对保证党和国家兴旺发达、长治久安，具有十分重大而深远的意义。

习近平总书记成为党中央的核心、全党的核心，是在领导和推进伟大事业、伟大工程、伟大斗争的实践中自然形成的。党的十八大以来，以习近平同志为核心的党中央，坚持把党的领导贯彻到党和国家工作的方方面面，充分发挥总揽全局、协调各方的领导核心作用：把战略谋划落实到各个领域，"五位一体"总体布局和"四个全面"战略布局扎实推进；把人民利益始终放在心中最高位置，全面建成小康社会决战决胜迈出坚实步伐；把全面深化改革紧紧抓在手上，重要领域和关键环节改革取得突破性进展；把管党治党责任牢牢扛在肩上，全面从严治党不断向纵深推进。四年来，习近平总书记带领全党全军全国各族人民干了许多开创性的工作，做了许多过去想做而做不了的事情，在改革发展稳定、内政外交国防、治党治国治军等方面取得了一系列具有重大现实意义和深远历史意义的成就，实现了党和国家事业的继往开来，在治国理政道路上开启了新征程，赢得了全党全军全国各族人民衷心拥护，受到国际社会高度赞誉。习近平总书记在新的伟大斗争实践中，事实上已经成为党中央的核心、全党的核心。

这次六中全会正式提出"以习近平同志为核心的党中央",是党心军心民心所向,是党、国家和军队之幸,是人民之福。习近平总书记这个核心,是经过历史证明、实践检验的,是群众公认、全党认同的,是实至名归、当之无愧的,也是形势所求、水到渠成的。

当前,我国已进入全面建成小康社会决胜阶段,中华民族正处于走向伟大复兴的关键时期。改革进入深水区,经济发展进入新常态,各种矛盾叠加,风险隐患集聚。当今世界,国际力量对比发生新的变化,世界经济进入深度调整,我国发展面临的国际环境更加复杂严峻。在这样的国内外形势下,要保证我们党始终成为坚强有力的马克思主义执政党,始终成为中国特色社会主义伟大事业的坚强领导力量,使我们党能够团结带领人民有力应对重大挑战、抵御重大风险、克服重大阻力、解决重大矛盾,党中央、全党必须有一个核心。明确习近平总书记的核心地位,维护党中央权威和习近平总书记这个核心,这是党和国家根本利益所在,是坚持和加强党的领导的根本保证,是进行具有许多新的历史特点的伟大斗争、坚持和发展中国特色社会主义伟大事业的迫切需要。

（二）

从马克思主义发展史、世界社会主义发展史看，维护党的权威和党的领袖的权威，始终是马克思主义政党一条基本原则。马克思恩格斯在领导欧洲工人运动和建立无产阶级政党的实践中，始终强调"权威"的必要性和重要性。1873年，恩格斯专门发表著名的《论权威》一文，指出：权威和服从不是由人的主观愿望确定的，而是社会发展的客观要求。无产阶级无论是在革命时期还是在夺取政权以后，都必须维护无产阶级专政的权威，利用这个权威推翻资产阶级的统治，建立无产阶级新政权，并运用这个政权去组织社会主义建设。马克思恩格斯认为，不仅革命权威、政治权威具有重要作用，个人权威、领袖权威同样对无产阶级政党建设具有重要作用。马克思甚至说过，每一个社会时代都需要有自己的大人物，如果没有这样的人物，这个社会时代就要把他们创造出来。1871年建立的法国巴黎公社是世界上无产阶级专政的首次尝试，在总结公社失败教训时，马克思恩格斯深刻指出："巴黎公社遭到灭亡，就是由于缺乏集中和权威。"

列宁也高度重视维护党的权威，注重发挥革命领袖的权威作用。他指出："阶级是由政党来领导的，政党通常是由最有威信、最有影响、最有经验、被选出担任最重要职务而称为领袖的人们所组成的比较稳定的集团来主持的。"列宁强调："在历史上，任何一个阶级，如果不推举出自己的善于组织运动和领导运动的政治领袖和先进代表，就不可能取得统治地位。"他严肃批评了俄国一些激进知识分子提出的不要权威、不要纪律、不要政治领袖的主张，明确指出工人阶级要在全世界进行艰难而顽强的斗争以取得彻底解放，就必须有权威。列宁特别强调党的杰出领袖对党的意志统一的决定性作用，明确提出："造就一批有经验、有极高威望的党的领袖是一件长期的艰难的事情。但是做不到这一点，无产阶级专政、无产阶级的'意志统一'就只能是一句空话。"回望俄国十月革命那个风起云涌的年代，布尔什维克党正是有以列宁为政治领袖，由斯大林、托洛茨基等一批斗争经验丰富、组织领导才干卓越的职业革命家组成的最高领导团队的顶层谋划和组织运筹，又有一大批忠诚于布尔什维克党、忠诚于无产阶级革命事业的干练的领导骨干队伍去宣传和组织群众，还有一支党领导和掌握的武装力量去冲锋陷阵，才干成了十月革命，才粉碎了帝国主义的武装干涉和包围封锁，巩固了新生的苏维埃政权，并富有成效地展开了大规模社会主义建设。然而，也正是这个列宁缔造的执政 74 年的老资格的党，这个曾经让世界上众多马克思主义政党仰慕和学习的老大哥党，在 20 世纪 90 年代初却顷刻瓦解毁灭。为什么会有这样的结局？很重要的就是习近平总书记精辟指出的，这个党的民主集中制被抛弃了，政治纪律被动摇了，党中央的权威没有了，"谁都可以言所欲言、为所欲为"，党内思想混乱、纪律松弛，在这种情况下，"哗啦啦轰然倒塌"，也就成为难以逃脱的命运了。

中国共产党自身加强领导核心建设的正反两方面经验更值得重视。遵义会议前，我们党没有形成一个成熟的党中央，从陈独秀、瞿秋白、向忠发、李立三到王明和博古，都没有形成坚强有力的党中央，更没有形成一个众望所归的党中央核心、全党的核心。这是党的事业几经挫折甚至面临失败危险的重要原因。遵义会议确立了毛泽东同志在红军和党中央的领导地位，我们党开始形成坚强的领导核心，有了成熟的领导集体。在其后几十年里，我们党在坚强有力的党中央领导下，取得了中国革命、建设、改革举世瞩目的伟大成就。邓小平同志是党的许多重大历史事件的亲历者，他晚年以极大的精力和心血关注并致力于中国共产党的领导核心建设，在总结我们党领导核心建设历史经验教训的基础上，提出了一系列政治分量很重的思想观点和重要论断，并将这些作为他的政治交代。他特别深刻地指出："任何一个领导集体都要有一个核心，没有核心的领导是靠不住的。第一代领导集体的核心是毛主席。因为有毛主席作领导核心，'文化大革命'就没有把共产党打倒。第二代实际上我是核心。因为有这个核心，即使发生了两个领导人的变动，都没有影响我们党的领导，党的领导始终是稳定的。"这些重要论述和其中蕴含的宝贵经验，是历史实践的客观反映，值得我们深刻领会和长期坚持。

1994年9月召开的党的十四届四中全会，坚持和遵循邓小平同志的重要思想，在全会通过的《中共中央关于加强党的建设几个重大问题的决定》中郑重写道："党的历史表明，必须有一个在实践中形成的坚强的中央领导集体，在这个领导集体中必须有一个核心。如果没有这样的领导集体和核心，党的事业就不能胜利。这是坚持民主集中制的一个重大问题。"这是在我们党的重要文件中第一次论述了建立党的领导核心的极端重要性。党的十八届六中全会明确习近平总书记的核心地位，正式提出"以习近平同志为核心的党中央"，这是结合新的实际对马克思主义关于群众、阶级、政党、领袖关系基本原理的坚持，是对中国共产党优良传统和独特优势的继承。

（三）

明确习近平总书记的核心地位，是党的十八届六中全会的重大战略决策；全党自觉维护习近平总书记的核心地位，维护党中央权威，是学习贯彻六中全会精神的重大任务。这次全会明确提出：坚决维护党中央权威，是加强和规范党内政治生活的重要目的。这个新论断是画龙点睛之笔，把维护党中央权威、维护党的核心的重要性，把健全党内政治生活的目的性，讲得很到位、很透彻，我们要认真学习领会、坚决贯彻落实。

这里很重要的，是进一步增强政治意识、大局意识、核心意识、看齐意识。这是维护党的团结统一、推进全面从严治党的关键，是维护党中央权威、维护党的核心的重要思想基础。"四个意识"是相互联系的统一整体，目的在于确保全党方向和立场坚定正确，确保局部和整体协调一致，确保团结和集中统一，确保队伍整齐有力。增强"四个意识"，集中体现为增强核心意识、看齐意识。什么是政治意识、大局意识？今天最重要的就体现为有无核心意识、看齐意识。如何检验政治意识、大局意识？今天首先要看是否向党中央看齐、向党的核心看齐。我们增强

"四个意识"，最重要的就是要更加紧密地团结在以习近平同志为核心的党中央周围，更加坚定地维护以习近平同志为核心的党中央权威，更加自觉地在思想上政治上行动上同以习近平同志为核心的党中央保持高度一致。"四个意识"强不强，不是抽象的，而是体现在一言一行上；不只是表态，更要看实际行动。要把"四个意识"转化为在党爱党、在党言党、在党忧党、在党为党的实际行动，坚持围绕核心发力、向党中央看齐，坚持从政治上考量、在大局下行动，做到党中央提倡的坚决响应、党中央决定的坚决执行、党中央禁止的坚决不做。

纪律严明是全党统一意志、统一行动、步调一致前进的重要保障，是加强和规范党内政治生活的内在要求。政治纪律是党的最根本、最重要的纪律。早在改革开放初期，党中央和邓小平同志就对严明党的政治纪律、维护中央权威高度重视，有一系列明确要求。邓小平同志反复强调："改革要成功，就必须有领导有秩序地进行"，"党中央的权威必须加强"。没有中央这个权威，"局势就控制不住"；"有了这个权威，困难时也能做大事"。对于损害中央权威、不听中央话的，"处理要坚决，可以先打招呼，不行就调人换头头"。党中央这些政治要求和纪律要求，对保证改革开放有领导有秩序地顺利推进起到了十分重要的作用。

今天我们贯彻落实六中全会精神，遵守政治纪律的第一条，就是自觉在思想上政治上行动上同以习近平同志为核心的党中央保持高度一致，就是坚定维护以习近平同志为核心的党中央权威。由此想到，周永康、薄熙来、徐才厚、郭伯雄、令计划这几个人，他们不仅经济上贪婪、生活上腐化，而且政治上野心膨胀，大搞阳奉阴违、结党营私、拉帮结派等政治阴谋活动，直接挑战党中央权威，严重破坏党的团结统一。党中央果断查处他们，为党的事业消除了严重政治隐患。实践表明，维护党中央权威和党的核心，必须把党的纪律挺在前面，用铁的纪律从严惩治破坏党的政治纪律和政治规矩、破坏党的集中统一、挑战党中央权威的行为，坚决防止"七个有之"，切实做到"五个必须"。作为共产党员特别是党员领导干部，都应当自觉遵守政治纪律和政治规矩，做到坚守政治信仰、站稳政治立场、把准政治方向。

按照党的十八大精神，党的十八届三中、四中、五中、六中全会分别对全面深化改革、全面依法治国、全面建成小康社会、全面从严治党作了专题研究和部署，这样就构成了对"四个全面"战略布局的整体部署。接下来，最重要的就是抓好贯彻落实。让我们更加紧密地团结在以

习近平同志为核心的党中央周围，按照党中央大政方针和
决策部署，精心谋划、精心组织、精心推进，万众一心、
扎实苦干，确保各项工作落到实处、开创新局，以优异成
绩迎接党的十九大胜利召开。

（为《学习时报》撰写的特约评论员文章，

原载《学习时报》2016 年 10 月 31 日）

党内民主是党内政治生活
积极健康的重要基础

（2016 年 12 月 2 日）

党的十八届六中全会审议通过的《关于新形势下党内政治生活的若干准则》（以下简称《准则》），对发扬党内民主提出一系列新要求，为新形势下优化党内政治生态、开展严肃认真的党内政治生活提供了科学指导。

党内民主是党内政治生活的重要内容

严肃认真的党内政治生活，是保持党的先进性纯洁性、提高党的执政能力的重要保证。党内民主既是党内政治生活的重要组成部分，又是健全党内政治生活的必备条件和重要途径。积极健全的党内政治生活，无论是增强党性、严肃党纪、整饬党风、惩治腐败、正确解决党内各种矛盾，还是维护党中央权威、保证党的团结统一；无论是解决党内政治生活庸俗化、随意化、平淡化问题，还是增强党内政治生活的政治性、时代性、原则性、战斗性，在全党形成又有集中又有民主、又有纪律又有自由、又有统一意志又有个人心情舒畅生动活泼的政治局面，都离不开民主集中制的健全，都离不开党内民主的发扬。历史经验表明，什么时候党的民主集中制建设搞得好，党内民主发扬得好，党内政治生活就积极健康、充满活力，党的事业就兴旺发达；什么时候党的民主集中制不健全，党内民主受到削弱，党内政治生活就出现不正常甚至恶化的状况，党内矛盾和问题就滋长蔓延，党的事业就会遭受挫折。《准则》提出："党内民主是党的生命，是党内政治生活积极健康的重要基础。"这是科学总结历史经验和现实经验得出的重要结论。

中国共产党是执政党，党内民主的状况很大程度上决定着整个社会民主乃至人民民主的状况，党内政治生活的状况很大程度上决定着社会政治生活乃至国家政治生活的状况。回顾历史可以清楚地看到，民主历来是中国共产党奋斗的基本目标之一。中国共产党在半殖民地半封建社会进行的革命就叫作新民主主义革命，党取得全国政权后建立的新国家是人民民主专政性质的国家。新中国成立以后，我们党积累了执政条件下贯彻民主集中制、发扬党内民主的成功经验，也有包括"文化大革命"期间民主集中制遭到严重破坏、党内民主遭到践踏，给党和国家造成灾难的沉痛教训。党的十一届三中全会以来，我们党在恢复和健全民主集中制方面做了大量富有成效的工作，党内政治生活日益正常和活跃，社会主义民主不断推进，这一切为不断开创改革开放和社会主义现代化建设新局面提供了组织保证与政治保证。这些情况说明，发扬党内民主不仅必然推动党内政治生活不断健全，而且必然推动社会主义民主的法制化进程，是建设中国特色社会主义民主政治的一条重要途径。

党的十八大以来，以习近平同志为核心的党中央把全面从严治党紧紧抓在手上，坚持思想建党和制度治党紧密结合，提出了不断提高党内民主质量、不断健全党内政治生活的目标要求，把严肃党内政治生活、净化党内政治生态摆在更加突出的位置来抓，采取一系列新的举措加大管党治党力度，坚持正风肃纪、标本兼治，严明政治纪律和政治规矩，坚决遏制腐败蔓延势头，着力构建不敢腐、不能腐、不想腐的体制机制，层层落实全面从严治党主体责任和监督责任，着力解决党内存在的突出问题，党内民主和党内政治生活出现了许多新气象，党内政治生态明显好转，全党全社会高度认可。当然，推进党内民主，解决党内政治生活、政治生态中出现的问题绝非一朝一夕之功，必须扎扎实实地抓、锲而不舍地抓。《准则》提出，要坚持和完善党内民主各项制度，提高党内民主质量，党内决策、执行、监督等工作必须执行党章党规确定的民主原则和程序，任何党组织和个人都不得压制党内民主、破坏党内民主。这是发扬党内民主的总要求，对健全党内政治生活十分重要。

发扬党内民主必须推进决策民主化

决策民主化是发扬党内民主的重要内容。因缺少民主、缺少科学理论指导而造成决策失误，对党的事业危害极大。而且决策层次越高，决策失误造成的危害越大。《准则》对中央委员会、中央政治局、中央政治局常务委员会和党的各级委员会如何做到科学决策、民主决策、依法决策提出明确要求，抓住了决策的最高层次和关键主体。

实践证明，充分尊重群众的首创精神，科学总结来自基层和实践的丰富经验，对于正确决策至关重要。我们党的一切正确决策，包括制定政策措施、拟定发展规划、决定重大事项，都必须依据群众的意愿和要求、依据客观实际。基层和群众中蕴藏着极大的改革动力和创新智慧。群众的意愿和要求是什么、客观实际怎样，只有到群众中去、到基层去、到实践中去，问政于民、问需于民、问计于民，把来自基层和实践的经验集中起来进行分析研究，才能作出正确决策。集中起来的实践经验越丰富，领导机关作出的决策就越正确。

在决策过程中充分发扬民主，认真倾听各方面意见包括反对意见，也是必须高度重视和把握好的问题。《准则》强调要"健全党内重大决策论证评估和征求意见等制度"，明确提出"作出重大决策部署，必须深入开展调查研究，广泛听取各方面意见和建议，凝聚智慧和力量"，就是要求党的各级组织在形成重大决策和处理重大问题时采取多种方式征求党员意见，在民主讨论中求得方案、达成共识。既然是征求意见，就要让参与的人畅所欲言、充分发表意见，允许不同声音出现，容得下积极善意的批评。党的上级组织作出同下级组织有关的重要决定，还要特别重视听取下级组织的意见。这样作出的决策才会比较符合实际。正如习近平总书记在总结自己当县委书记期间的体会时指出的："领导干部有一锤定音的权力，但一定要让大家把话说充分、说完……如果不知道别人有什么不同意见，还不能把不同意见统一起来，那最后作的决策也会打折扣。"

实行决策民主化、科学化，很有必要建立健全领导、专家、群众相结合的决策机制，高度重视决策研究和咨询机构的工作，充分发挥智库的作用。这是决策坚持群众路线的必然要求。新的历史条件下，我们要更好地进行具有许多新的历史特点的伟大斗争、推进中国特色社会主义伟大事业，任务极其艰巨、情况错综复杂，重大问题决策的难度越来越大。现在，先进科学技术越来越多地进入决策领域，而且作用越来越大，决策研究的理论和方法都有了很大进步。在这种情况下，各级领导机关和领导干部仅凭自己的知识、经验、智慧、胆略及了解的客观情况进行决策，已经远远不够了。为了科学决策，为了减少和避免重大决策失误，对专业性比较强的事务、对情况比较复杂的事务，应借助各方面专家、借助有水平的研究咨询机构对有关决策进行研究、论证。

关键是尊重和保障党员民主权利

我们党有 8800 多万名党员，分布在全国各条战线、各个领域。没有党员在党内事务中参与、管理和监督作用的充分发挥，没有党员积极性、主动性、创造性的充分发挥，党内政治生活就不可能保持积极健康，党的事业就不可能顺利推进。

尊重党员主体地位，保障党员权利，重点是抓好党员知情权、参与权、选举权、监督权的落实，保障全体党员平等享有党章规定的党员权利、履行党章规定的党员义务。所有党员不论从事何种职业、担任何种职务、入党时间长短和年龄大小，在党内政治生活中都处于平等地位、享有平等权利。党章规定的党员权利必须受到尊重和保护，任何党组织和党员个人不得侵犯。切实做到这一点，保障党员权利得到正确和充分行使，对于增强党员的政治责任感和党员意识、更好发挥党员作用具有重要意义。

落实党员权利，需要管用的措施和有力的抓手。《准则》在这方面提出了一些办法，如健全党内情况通报制度、情况反映制度，畅通党员表达意见、要求撤换不称职基层党组织领导班子成员的渠道等。现在，一些地方党内知情渠道不畅通，基层许多真实情况不能及时反映上来，影响了党员参与党内事务的积极性，客观上助长了弄虚作假、欺上瞒下的歪风。应按照《准则》的要求，积极疏通和拓宽党内下情上传的渠道，使基层党员和下级党组织的意见能够及时、准确、顺畅地反映到上级党组织中来，并得到认真负责的受理。应完善党务公开制度，使重大事情党内先知道、重要文件党内先传达、重大问题的决定党内先讨论、重大决策党内先发动，调动党员的积极性、主动性、创造性。

保障党员权利，要求畅通党员参与讨论党内事务的途径、拓宽党员表达意见的渠道，营造党内民主讨论问题、充分发表意见的环境和氛围。尤其要鼓励党员和干部在党的会议上畅所欲言，开展平等讨论，支持、保护那些敢于讲真话、讲实话、讲心里话的同志。党组织和党员领导干部应当支持和保障党员行使权利；对侵犯党员权利的行为要批评教育、严肃处理，不能纵容和姑息。

根本在于健全党内民主制度

党内民主包括民主选举、民主决策、民主管理、民主监督等活动，党内民主制度就是规范这些党内民主活动的制度体系。健全党内民主制度，要以保障党员民主权利为基础，以完善党的代表大会制度和党的委员会制度为重点，从改革体制机制入手，建立健全充分反映党员和党组织意愿的党内民主制度。这是依规治党的必然要求，对于发扬党内民主、健全党内政治生活十分重要。

党内选举制度是健全党内民主的一项根本制度，是党内民主发展程度的重要标志。没有民主选举，民主决策、民主管理、民主监督的效果都将打折扣。《准则》强调："党内选举必须体现选举人意志，规范和完善选举制度规则。党的任何组织和个人不得以任何方式妨碍选举人依照规定自主行使选举权，坚决反对和防止侵犯党员选举权和被选举权的现象，坚决防止和查处拉票贿选等行为。"这些规定很有针对性。完善党内选举制度，首先要健全和完善候选人提名方式，候选人的产生要充分发扬党内民主、广泛听取党员意见，把民主推荐与组织提名结合起来。还要完善候选人介绍方式，使党员或党员代表对候选人的主要业绩、领导能力以及廉政勤政等情况有切实了解。完善党内选举制度，很重要的是加强党委对选举工作的领导，坚决防止拉票贿选。近年来，先后发生了衡阳破坏选举案、南充拉票贿选案和辽宁拉票贿选案。这些案件涉及党员干部人数之多、情节之恶劣、性质之严重实属罕见，令人震惊，教训极其深刻。在这些案件中，无一例外暴露出这些地方的党委管党不力、治党不严、组织涣散、纪律松弛，党委主要领导严重失职失责，对浮在面上的歪风邪气视而不见、对眼皮底下的拉票贿选不管不问，导致正气不彰、歪风抬头、腐败蔓延。当前，地方各级领导班子正在换届，换届地方的党委要坚决落实全面从严治党主体责任，坚决落实中央有关换届选举的各项部署和要求，讲政治、懂规矩，严肃换届纪律，严格党内生活，坚决查处拉票贿选等违纪违法行为，努力营造风清气正的良好政治生态。

党的代表大会制度是保证党内民主顺利实现的重要制度。毛泽东同志曾说过："实现党内民主的办法，是实行代表大会及代表会议的制度。我们党内是有民主的，但是还不足或者缺乏，现在要增加。办法是用代表大会、代表会议代替干部会议。"实践表明，健全的党的代表大会制度对坚持和完善党的民主集中制，增强党的凝聚力、创造力、战斗力，促进改革开放和现代化建设具有重大意义。《准则》对坚持和健全党的代表大会制度提出明确要求，强调未经批准不得提前或延期召开党的代表大会，强调落实党代表大会代表任期制，实行代表提案制，健全代表参与重大决策、参加重要干部推荐和民主评议、列席党委有关会议、联系党员群众等制度。认真落实这些要求，就能更好地发挥党的代表大会制度在健全党内政治生活中的重要作用。

地方党委全委会在地方党代表大会闭会期间是同级党组织的领导机关，执行上级党组织的指示和同级党代表大会的决议，领导本地区的工作，肩负的责任很重大。现在，一些地方全委会的职责履行得不充分、作用不明显，不同程度存在着常委会代替全委会现象。这不仅损害全委会的权威、影响全委会作用的发挥，而且妨碍党内民主。针对这种情况，《准则》提出要更好发挥地方党委全委会及委员作用，很有必要。

（原载《人民日报》2016 年 12 月 2 日）

为时代立言立德立功

（2017 年 3 月 10 日）

习近平总书记在看望参加全国政协十二届五次会议的民进、农工党、九三学社委员时的重要讲话，体现了对广大知识分子的厚爱和厚望。当代中国知识分子要按照总书记的要求，主动担当、积极作为，在立言、立德、立功方面实现应有的责任担当。

立言：贡献伟大时代需要的理论和思想。当今中国，正处于由大国成为强国的关键时期，正迅速接近世界舞台的中心位置。推动实现"两个一百年"奋斗目标和中华民族伟大复兴中国梦，更加需要知识，更加需要知识分子作出贡献。习近平总书记指出，这是一个需要理论而且一定能够产生理论的时代，这是一个需要思想而且一定能够产生思想的时代。广大知识分子不能辜负了这个时代。我们要自觉把个人追求同国家和民族发展紧密结合起来，述学立论、建言献策，以求真务实精神贡献伟大时代需要的知识和智慧，在成就伟大时代的同时不断提高自身。中央党校科研人员要主动为党分忧解难，在发挥中央党校国家高端智库作用中作出贡献。

立德：弘扬支撑伟大时代的道义和精神。习近平总书记指出：天下为公、担当道义，是广大知识分子应有的情怀。伟大时代不仅需要知识和智慧，还需要道义和精神。广大知识分子不仅要攀登真理制高点，而且要攀登道义制高点。习近平总书记提出：希望我国广大知识分子自觉做践行社会主义核心价值观的模范。在当今中国，广大知识分子要弘扬伟大时代的道义和精神，就要坚定不移地弘扬中国精神，把振兴国家、造福人民作为毕生的追求；就要坚定不移地坚持文化自信，做社会主义先进文化的传承者和守望者；就要坚定不移地践行社会主义核心价值观，做先进社会风尚的引领者。对于中央党校国家高端智库的专家学者来说，坚持党校姓党，坚持服务人民，就是必须牢牢坚持的"大德"，这也是建设中国特色新型智库的必然要求。

立功：参与推动伟大时代的创造和实现。马克思指出："哲学家们只是用不同的方式解释世界，问题在于改变世界。"习近平总书记殷切希望广大知识分子积极投身创新发展实践。当今中国的伟大变革向广大知识分子所提出的，不仅有"解释世界"的任务，更重要的是"改变世界"的任务。如何坚持和发展中国特色社会主义伟大事业，如何实现中华民族伟大复兴使命，如何进行具有许多新的历史特点的伟大斗争，如何推进党的建设新的伟大工程，还有深入研究习近平总书记在全国党校工作会议上提出的"十三个如何"、在哲学社会科学工作座谈会上提出的"五个如何"、在党的十八届六中全会上提出的"八个如何"等重大问题，都需要广大知识分子积极投身社会实践，艰苦奋斗、开拓创新，为参与伟大时代的创造和实践作出知识分子应有的贡献。中央党校的科研工作者要发扬理论联系实际的优良学风，弘扬"实事求是"的校训，聚焦党和国家的重大理论和实际问题深入研究，为服务中央决策提供高质量成果。

（原载《光明日报》2017 年 3 月 10 日）

"年龄最小、去的地方最苦、
插队时间最长的知青"

——习近平的七年知青岁月

（2017 年 3 月 17 日）

采访对象：何毅亭，陕西省汉中一中初中学生，1968
年 12 月至 1971 年 4 月在汉中市铺镇公社姜埧大队插队。
1971 年 5 月招工进入汉中通用机械厂工作。恢复高考后
考入北京师范大学历史系读本科和研究生，毕业后在中央
办公厅、中央政策研究室工作。现任中央党校常务副
校长。

采访组：本报记者　邱然　黄珊　陈思等

采访日期：2017 年 1 月 16 日

采访地点：中央党校电视台演播室

采访组：对习近平总书记当年的知青生活，我们已分

别采访了梁家河的村民和一些北京插队知青，了解和掌握了他知青生活的大量第一手资料。现在，我们想从宏观上了解当年知青上山下乡的情况，以便从更大的范围来看习近平总书记的七年知青岁月。我们了解到您当年也是"老三届"插队知青，请您谈谈那时知青上山下乡的历史背景。

何毅亭：你们这个想法和思路很好，了解整个知青上山下乡的情况，确实有利于更深刻地认识习近平总书记当年在陕北那七年知青岁月。

知识青年上山下乡，从大的方面讲可以划分为两个历史时期。第一个时期，是从上世纪50年代中期至1966年"文化大革命"前，差不多10年。这个时期，知青上山下乡主要是探索解决城市剩余劳动力问题，并把它与改变农村落后面貌、开发边疆和推动偏远山区经济社会发展结合起来，进而找到一条符合中国国情的就业途径。那时候政策上也比较稳定，就是国家倡导、本人自愿。整个说来，这一时期上山下乡规模很小，人数不多，从1955年到1966年全国上山下乡的城市知青约120万人。

另一个时期，就是从1967年到1978年，大概也是10年。知青上山下乡，在"文化大革命"这一特定历史时期发展成为一场声势浩大的运动，全国共有1600多万城

215

镇知青奔赴农村和边疆。其中，首当其冲的是 1966 年、1967 年、1968 年毕业的三届城镇初、高中生约 400 万人。习近平总书记当年就属于这 400 万"老三届"知青，我就主要说说这个时期的情况。

那是 1968 年 12 月 22 日，《人民日报》刊发了甘肃省会宁县一些城镇居民和知识青年到农村安家落户的消息，关键是传达了毛主席一条最新指示，就是："知识青年到农村去，接受贫下中农的再教育，很有必要。要说服城里干部和其他人，把自己的初中、高中、大学毕业的子女，送到乡下去，来一个动员。各地农村的同志应当欢迎他们去。"第二天，《人民日报》等新闻媒体突出报道了各地知青热烈响应毛主席号召，"满腔豪情下农村、广阔天地炼红心"的消息，在全国引起极为强烈的反响。那时候毛主席的权威达到他一生的顶点，他的话真的是一句顶一万句，他老人家一声令下，立即在全国掀起上山下乡的高潮。

毛主席当时为何要作出"知识青年到农村去，接受贫下中农再教育"的决策呢？

1966 年"文革"兴起之后，大学停止了招生，中学停了课，工厂不招工。到了 1968 年，1966 年、1967 年、1968 年三届初、高中毕业生积压在学校"闹革命"，实际已成为城镇剩余劳动力。因为"老三届"中学生没有离开学校，依此类推，1966年毕业的及以后几年毕业的小学生就进不了中学，到了上学年龄的孩子也不能及时进入小学。这种状况积累到1968年已经非常严重。我们这么大一个国家，这么多的中、小学生，这么长的时间，正常的教学秩序却得不到恢复，大、中、小学都是乱糟糟的，这种现象与"文革"的动乱局面混合在一起，使整个国家的社会动乱更加严重。在这种背景下，知青上山下乡不仅成为解决中学生就业问题的一个应急手段，也成为毛主席设想的"文革"由"天下大乱"达到"天下大治"必须解决的一个政治问题。

在毛主席看来，知青上山下乡是改造青年学生、"反修防修"的有效途径。"文革"兴起的时候，以广大青年学生为主体的红卫兵成为整个运动冲锋陷阵的先锋，他们得到毛主席的热情支持。毛主席当时特别指示，不准组织工农反学生，要求劝阻工农不要干预学生。然而，随着运动的发展，特别是到了1968年夏天，毛主席对红卫兵的一些行为越来越失望。这年7月27日，他派军宣队配合北京工宣队开进清华大学，制止那里发生的武斗。7月28日凌晨，毛主席以及中央其他领导人，同北京红卫兵"五大领袖"谈了整整5个小时，对他们"现在一不斗、二不批、三不改"特别是搞派性争斗甚至武斗进行了严厉的批评。8月25日，中共中央、国务院、中央文革小组联合发出通知，派出工宣队、军宣队进驻大、中、小学，对"知识分子成堆的地方进行改造"。1968年12月，毛主席进一步作出了"知识青年到农村去，接受贫下中农再教育"的决策。《人民日报》等权威报刊把这一决策称为"无产阶级司令部的新的战斗号令"，是"实现知识青年思想革命化、培养无产阶级革命事业接班人的根本途径。"

根据毛主席的指示，全国上山下乡全面动员，除去充分利用宣传系统，还广泛利用单位、学校、街道、邻里、家庭等多种组织关系，形成了上山下乡光荣、不上山下乡可耻的政治氛围。

我当时是陕西省汉中一中的初中学生。从1966年6月份开始，学校因为搞文化革命就停课了，从大字报、大批判、大串联到"全面夺权"和"斗、批、改"，随着运动的发展学校形成势不两立的两派，派仗打得很凶，最后甚至发展到武斗。大多数学生包括我在内，后来厌倦了这种无休止的派仗，成为逍遥派，基本上不到学校去了，不少人甚至长期不照面。但毛主席的最新指示一公布，所有学生闻风而动，不约而同都齐刷刷聚到了学校，打听和忙乎上山下乡的事。那个时候，地方和学校的革委会安置学生上山下乡还真是雷厉风行，这所中学的学生到哪个公社，那所中学的学生到哪个公社，每个学生到哪个公社哪个大队，几天功夫方案全搞定了。这样，我们那里大多数学生在1969年元旦前就到了各自的生产队，晚一些的也都在1969年元月到了插队的农村。我是1969年元旦前走的，去的是本市的铺镇公社姜埧大队。后来国家明确，1962年以后插队的城镇知青，工龄从插队起连续计算，于是我填个人简历表时参加工作时间一栏就写"1968年12月"。

现在回想起来，就那么几天、十几天，顶多也就一个月左右，全国那么多"老三届"城镇中学生，就这么迅速地离开了长期生活的城市，离开了父母家人，"打起背包就出发"，奔向了原本陌生的农村。这真是一个奇迹。从那时到现在，48年过去了，当年青春年少的"老三届"知青，如今年龄最小的也都60岁开外，基本上退出了工作岗位或淡出了社会生活。当年，他们在农村度过了人生道路上一段特殊的时光，有艰辛也有欢畅，有付出也有收获。上山下乡的磨炼使他们由稚嫩趋于老练，由狂热趋于清醒，由天真烂漫趋于沉稳老成。所有这些，为他们以后的工作和生活打下了坚实基础。上山下乡作为特定历史条件下涉及全国众多家庭和亿万人的一桩大事，作为一个年代的历史符号，永远留在了一代人的记忆之中。

采访组：听了您的介绍，我们对"文革"中知青上山下乡的历史背景增加了了解。您和习近平总书记当年都属于"老三届"知青。您能否从全国知青上山下乡的总体情况，谈谈对总书记七年知青岁月的认识。

何毅亭：把习近平总书记的七年知青岁月放到当年全国知青上山下乡的大背景、大格局中来观察，可以很清楚地发现"三个最"，就是：他是"老三届"中年龄最小的知青之一；他插队的陕北是全国插队知青中条件最艰苦的地方之一；他是插队知青中在农村待的时间最长的极少数人之一。

为什么说他是"年龄最小"的知青呢？那个年代过来的人都知道，1966 年、1967 年、1968 年毕业的初、高中学生，1968 年底上山下乡的时候，年龄最大的老高三即高中 66 届学生一般是二十一二岁，年龄最小的老初一即初中 68 届学生一般是十六七岁。习近平总书记当时属于老初一学生，上山下乡时只有十五岁多。像他这个年纪的知青，在当年 400 万"老三届"知青中，年龄无疑是最小的，人数自然是相当少的。

之所以说他插队去的是最艰苦的地方之一，这需要从知青上山下乡安置地点和安置方式说起。当年"老三届"上山下乡，从安置地点来说，有跨省安置、本省内跨地区安置、本地区内跨县安置、本县就地安置四种。绝大多数知青都是在本省安置，而且大部分是就地安置。跨省安置的，主要是北京、上海、天津三个直辖市和浙江、四川、江苏等人口稠密省份，这些地方的知青除了在本直辖市、本省安置插队外，还被安置到外省、区。北京"老三届"中学生，绝大多数安置到了黑龙江、内蒙古、山西、吉林、云南等地，其中 2.6 万多人到陕西省延安地区插队，习近平总书记就属于到延安插队的这一拨知青。

从知青安置方式来说，那时主要有两种。一种是到生产建设兵团或国营林场、农场、牧场、草场等单位当农业工人。另一种是到农村插队落户当农民，这是最主要的安置方式。同样是上山下乡，到兵团等单位的知青和插队知青的境况有明显差别。兵团知青，身份属于国营企业农工，每月拿固定工资，多的30多元，少的也20多元，而且吃国家供应的商品粮、享受部分劳保福利，物质生活能得到基本保证，所以到兵团成为知青的首选。但是，兵团接收知青时政审标准比较严格，家庭出身不好或家庭政治背景不好的知青很难进入兵团。插队知青，要靠自己挣工分吃饭，多数知青的日工值只有几角钱。因此，一半左右的插队知青在生活上长期不能自给，需要父母接济。我当年插队的地方，条件算是比较好的，一年干下来，扣除口粮钱一般有几十元收入，马马虎虎能够自食其力。

习近平总书记当年插队的延川县梁家河村，地处黄土高原，无疑属于全国插队知青中自然环境和生存条件最艰苦的地方之一。前几年因为工作原因我去过梁家河，那里山大沟深，交通落后，土地贫瘠，降雨很少，自然条件很差。知青插队那个年代，这里没有电，没有任何农业机械，劳动用的还是世世代代传下来的老镢头，老百姓吃水、烧柴、照明等都有很多困难。农民们面朝黄土背朝天，辛辛苦苦一年，打下的粮食还填不饱肚子。我曾问过当年和习近平总书记在一个窑洞住了六年的北京知青雷平生：插队时梁家河一个工日值多少钱？雷平生说，刚下去的头一年即1968年，每个工日值是一角一分钱，到了1969年是一角二分钱，涨了一分钱。我们也是插过队的人，可以想到的是，在那个动乱的年代，一个从小在北京长大的15岁少年，孤身来到那被群山阻隔、多风少雨的荒僻之地，劳动和生活中有多少困难、多少问题需要他去面对、去解决！

还有一个"最"，就是习近平总书记当年在农村一待就是七年，属于全国知青中插队时间最长的极少数人之一。当年我们到农村插队落户当农民，谁也不知道究竟要在农村待多久。除了有些知青表示要"扎根农村一辈子"外，绝大多数知青在心底里并不情愿在农村待一辈子。好在到了1969年冬天，我们那里开始有知青应征入伍，使广大知青对未来看到了希望。1970年以后特别是1971年、1972年以后，通过应征入伍、招工进厂、推荐上大学等多种方式走出农村的知青越来越多，到1972年底基本上都离开了农村。我在农村待了差不多两年半后，招工进了工厂。

习近平总书记当年在陕北农村却待了七年，这在"老三届"知青中绝对是很少的。最近我看了一些有关延安北京知青的材料，了解到1969年到延安插队的北京"老三届"知青共26200人，1971年国家开始在知青中招工、招干、招生、征兵，到1972年共在北京知青中招工8387人，提干1179人，征兵553人，上学648人，病退、困退回京1188人，这样共走了11955人。1973年，在北京知青中招工、招干、征兵、上学11709人。1974年，招工、招干、招生等769人，回京472人。1975年，招工、招生250人，回京455人。这样到1975年末，整个延安地区仍待在农村的北京知青只有590人，占26200名北京知青的2.3%，而且这590人中不少知青是因为已与当地农民结婚而留下来的。习近平总书记插队的延川县文安驿公社梁家河大队，到 1974 年就剩下他和雷平生两人，雷平生 1974 年 10 月被推荐录取上了延安大学后，整个大队就只剩他一个知青了。他不仅是梁家河大队插队知青中走得最晚的，也是延川县乃至整个延安地区北京知青中离开农村最晚的极少数人之一，到 1975 年 10 月才被推荐录取上了清华大学。

对我们插队知青来说，一起插队的同学和校友，或入伍、或招工、或招干、或上学、或通过其他途径陆陆续续、一个一个地走了，自己却仍然留在农村，昔日热闹的知青宿舍变成了冰房冷灶，那个心情的确是挺复杂、挺焦虑的。我们从梁家河的知青和村民中了解到，习近平总书记当年却不急不躁，不慌不忙，仍然是该干活干活、该读书读书，仍然是执着地一如既往地申请入党，不仅入了党还当了大队党支部书记。这种从容，这种坚韧，这种任随"云卷云舒、花开花落"的淡定，让我们这些当年插过队的人由衷地感佩。

采访组：听您这么一介绍，习近平总书记当年属于"老三届"中年龄最小、插队地方最苦、在农村待的时间最长的知青这些结论，听下来确实是这么回事。请您再谈谈，总书记这七年知青岁月，在哪些方面对他后来的成长产生了重大影响和作用？

何毅亭："年龄最小、地方最苦、时间最长"，这"三个最"可以说是习近平总书记插队生涯的鲜明印记。总书记这七年知青岁月，是他离开学校和家庭走向社会的人生第一站，也是他人生旅程中非常重要的一站，无疑对他后来的成长会产生重大影响和作用。结合我自己的插队经历和体会，我认为陕北七年在总书记整个成长经历中的重大意义和重大影响，可能在以下这些方面是很突出很重要的。

首先，陕北高原那严酷的自然环境和艰苦的劳动生活，锻造了他坚毅刚强的意志品质和顽强拼搏的奋斗精神。知青从城市到农村，从过去相对优越的生活条件到普遍艰苦的生存环境，从以往基本没参加过多少体力劳动到长年累月地干各种农活，从生活等依靠父母家人到生活、工作完全自理，所有这些转变的跨度还是相当大的，知青们面对的各方面考验也是相当大的。对相当多的知青来说，特别是像习近平总书记那样当年只有十五六岁的知青来说，到农村插队所经受的磨炼从心理到体力都超出了自身的承受能力。

我插队期间有两件事至今印象深刻。一件是下乡半年左右即 1969 年 6 月，正是"双抢"季节，队里的知青同农民一起既要抢收小麦等夏粮，又要进行插秧等秋粮的种植，累得都有些吃不消了。记得我第一次到村外四五里远的麦地担麦捆，那时我身高只有 1.6 米多一点，体重才 80 多斤，肩膀上没什么肉，那种两头尖、中间方的"尖担"把肩膀压磨得又红又肿，中途又不能歇息，我硬是咬着牙一趟一趟地坚持了下来。另一件事是往国家粮库送缴村里的公粮。我双手从背后托着装了近 200 斤稻谷的麻袋，沿着一条宽约 50 公分、厚约 10 公分的木板，一步一步向 10 米左右高的粮仓挪步，随着木板上下有些晃动，我的双腿不时地打闪、发软，随时都有摔下木板的可能。像缴公粮这样的重活，"双抢"这样的苦活，还有像在水利建设工地、铁路建设工地抢铁锤打炮眼和点雷管爆破这样的险活，插队期间干过不少。

由此想到习近平总书记当年在陕北插队，他受过的那些苦、遇到的那些困难，根本不是我们那里的知青能比的。总书记当年从首都北京来到陕北，生活环境等各方面的巨大反差，比我们这些在当地插队的知青要大得多。陕北把干农活称为"受苦"，把农民叫作"受苦人"，可见农民、农村生存之艰难。明末农民起义的著名领袖高迎祥、李自成、张献忠等都出生在陕北，都是陕北人。他们为什么率众造反？最根本的还不是因为这里太苦、太穷，穷则思变，穷则揭竿而起嘛！知青插队那个时候，也正是因为陕北自然环境严酷、劳动生活艰苦，有的北京知青刚来不久就被吓走了。我看到一个资料说，当时有的北京女知青实在受不了陕北高强度的劳动，就嫁给了当地农民，这样可以少干一些强度大的农活。

习近平总书记多年后在《我是黄土地的儿子》一文中回忆：离开京城到陕北，最初感到很孤独，而且年龄又小，因此没有长期待下去的观念，别的知青天天上山干活，我却很随意。后来受到姨姨、姨夫的教育，很快融入了陕北农村新的环境，自觉接受艰苦生活的磨炼，几年中闯过了跳蚤关、饮食关、劳动关、思想关，成了村里的壮劳力和种地的好把式。梁家河的北京知青和农民告诉我们，插队那些年，近平始终与群众同甘共苦，什么苦活累活脏活险活都干过，而且都抢着干，从来"不撒尖"，意思是不偷懒。艰难困苦，玉汝于成。陕北七年，锤炼了他坚韧不拔、坚毅刚强的性格，铸造了他自强不息、志存高远的情怀。有知青"这碗酒垫底"，以后人生岁月中遇到的各种风浪和困难又算得了什么呢？正如总书记回顾插队经历时所说："七年上山下乡的艰苦生活对我的锻炼很大，后来遇到什么困难，就想起那个时候在那样的困难条件下还可以干事，现在干嘛不干？你再难都没有难到那个程度。""在遇到困难时想到这些，就会感到没有解决不了的问题。"

二是，七年知青经历让他真正接了地气，了解了国情，贴近了人民，真切感受到了人民群众的冷暖和甘苦，培育了他同人民群众的深厚感情。插队知青与兵团、农场、林场知青有所不同的是，他们一下去就直接到了各个村、各个生产队，同土地结合在一起，同农民摸爬滚打在一起，这使知青们能够深入了解农民，了解农村，了解当时中国最底层、最真实的一面。

记得我们那个大队的知青刚到村里时，近一个月时间都是到农民家轮流吃派饭，生产队几十户农民几乎吃遍了，这倒使我们直观地了解到一点村情、民情。我们看到了农民住的都是低矮的茅草房，看到了各家屋子里除了几件破旧家具外再没有什么，看到了有的农民为了节省一点煤油钱天一黑没什么事就上床休息，还看到了农村缺医少药、教育文化十分落后的现状，如此等等让我们刚到农村就受到某种冲击和教育。接下来，在长年累月的艰苦生活磨砺中，在与农民群众的朝夕相处中，我们实实在在体验到了稼穑之苦和衣食之难，读懂了"谁知盘中餐，粒粒皆辛苦"的内涵，切身感受到了农民的喜怒哀乐和生活的不易，也感受到了他们为生存、为过上好日子不屈不挠的奋斗精神。这些，对我们阅读社会这部无字大书、增加对国情的了解，对我们后来的成长和发展，都奠定了坚实基础，产生了重要影响。

习近平总书记当年在陕北历练了七年，黄土地上父老乡亲们终年劳动却难以温饱的生存现状，留给他的记忆我想一定是刻骨铭心的，这种体验和感受自然比我们这些在条件比较好的地方插队的知青要深刻得多、独到得多，也难忘得多。他同样是在《我是黄土地的儿子》一文中回忆说：刚到农村的时候，一到春耕时节经常有要饭的来。当时在一些北京知青的概念里，觉得要饭的都是不好的，甚至是"坏分子"、"二流子"，不给他们吃的东西，有的还放狗去轰他们。岂不知当地老百姓有"肥正月、瘦二月、半死不活三四月"的说法，到了三四月家家都是"糠菜半年粮"，婆姨带着孩子出去讨饭，把粮食都给壮劳力吃，让他们忙春耕。这些情况，是知青们在农村生活了一段时间后才了解到的。对当地群众贫困状况的这种了解，让总书记那时就知道老百姓最缺少什么、最需要什么、最期待什么，也催生他、促使他尽力为乡亲们多办些实事。在梁家河，他组织带领群众修道路、打淤地坝、办铁业社、建代销点、打大口井、发展沼气，以自己的实干苦干引领群众向过上好光景奋进。延安时期，习仲勋被毛主席誉为"从群众中走出来的群众领袖"。习近平总书记继承了父辈革命家的可贵品格，在陕北七年插队生活锻炼中，由一个不谙世事的少年脱胎换骨为群众眼里"吃苦耐劳的好后生"，一心让群众过上好日子的领路人。多年后他说：陕北七年，最大的一个收获，就是"让我懂得了什么叫实际，什么叫实事求是，什么叫群众。这是让我获益终生的东西"。

三是，延安的红色历史文化和陕北人民豁达、包容、厚道、质朴、奉献的集体人格，滋养了他崇高的政治理念，铸造了他不变的"初心"。习近平总书记当年插队的延安地区，是中国工农红军长征的落脚地，是延安精神的发祥地，是毛泽东思想的成熟地，也是夺取全国政权的出发地。从中国共产党诞生到新中国成立这 28 年间，有将近一半的时间我们党以延安为中心，在这块黄土地上演绎了一场改天换地、扭转乾坤的伟大传奇。延安如此丰富而厚重的红色历史文化内涵，自然会对北京知青世界观、人生观、价值观的形成产生巨大的正能量，尤其对总书记这样革命家庭出身的子弟会产生强烈的感染和滋养作用。我们大家都知道，总书记的父亲是陕甘革命根据地的开创者之一，他的母亲也是喝延河水成长起来的老干部。他血液里流淌着红色基因，对共产党有与生俱来的崇敬感和亲近感。上山下乡到陕北，在父辈们长期战斗过的黄土地上劳动生活，到宝塔山、延河边流连沉思，瞻仰伟人和革命领袖们当年办公和居住的土窑洞等革命旧址，聆听当年参加过革命的老红军、老赤卫队员、老八路讲述父辈们的青春往事……这样的点点滴滴，这样的所见所闻，使他对父辈们创业的艰难有了实地的了解，对自力更生、艰苦奋斗的延安精神有了直观的理解，对从小接受的共产主义人生观、世界观和革命理想教育增强了感性认识，对延安这片养育了中国革命的黄土地产生了特殊感情。这种精神上的滋养，心灵上的洗礼，思想上的升华，不仅奠定了他接受插队生活艰苦磨炼的思想基础，更坚定了他信仰和追随中国共产党的信念。他先后写了八份入团申请书，写了十份入党申请书。执着的追求，艰苦的磨炼，群众的信服，终于使他入党的愿望得到批准，而且还担任了大队党支部书记。他后来说：十五岁来到黄土地时，我迷茫、彷徨；二十二岁离开黄土地时，我已经有着坚定的人生目标，充满自信。作为一个人民公仆，陕北高原是我的根，因为这里培养出了我不变的信念：要为人民做实事！无论我走到哪里，永远都是黄土地的儿子。

我好几次到陕北，登高望远，黄土高原雄浑苍茫，群山环绕，充满神奇。这块厚重的黄土地，曾经以博大的胸怀接纳过转战了大半个中国的工农红军队伍，成为中国共产党人演绎红色革命传奇的大舞台；三十多年后，这里同样以博大的胸怀接纳了两万六千名少小离家的北京知青，成为这批中学生接受青春洗礼的地方。梁家河的知青告诉我，陕北人民勤劳善良，厚道质朴，他们没有多少文化，不会说高深的道理，但他们从心底里感到这些远离父母的北京知青不容易，像对待自己的孩子一样真情关照、呵护北京知青，手把手地教他们种地、拾柴、做饭，帮助他们度过插队初期的生活、劳动等关口，知青们从中感受到了陕北人民的温暖。这么多年过去了，北京知青说起延安，普遍认为延安人民可亲可爱，他们与延安人民结下的不解之情永远值得怀念。

习近平总书记当年是作为"黑帮子弟"到陕北插队的。在那个"以阶级斗争为纲"的年代，家庭出身、父母政治状况等因素给一些知青造成很大的精神压力。但陕北的父老乡亲评价知青，更注重知青本人在插队时的表现和作为。正因为这样，他当年才能入党，才能当大队党支部书记，才能被推荐上大学。总书记在谈起这些往事时充满感情地说：延安人民曾经无私地帮助过我，保护过我，特别是以他们淳厚朴实的品质影响着我，熏陶着我的心灵。"当年，我人走了，但是我把心留在了这里！"

四是，插队七年他利用农村相对宽松自由的社会政治环境，坚持读书学习，积淀了丰厚的知识文化理论素养。当年上山下乡的"老三届"知青，高中生的比例只占很少一部分，大多数是初中生，其中1967届、1968届初中生因为"文革"中断了学业，未能受到完整的初中阶段教育。用现在的标准看，把我们这样的初中生称为"知识青年"，我们是不够格的。当年知青这种教育和文化知识上的缺失，在当时那样生产力发展缓慢的年代并不凸显，但随着时代的发展和科学技术的突飞猛进，这越来越成为知青们的一块"硬伤"。正因为如此，"老三届"知青离开农村返城工作后，从事高科技、高级经贸活动的人员比例极小，大多数人从事的是普通的熟练劳动。

到农村插队，客观上为知青提供了读书自学的环境。那个年代，插队知青生活虽然清苦，但同兵团知青相比，政治上比较宽松，行动上比较自由，参加劳动多少、回家探亲的次数和探亲时间的长短，主要取决于知青本人。客观地说，那时插队知青读书学习的时间还是充裕的。特别是秋收秋种以后到来年春耕前这一段"冬闲"时间，农活较少，有比较完整的时间可以用来读书学习。但那时是"文革"时期，把知识分子说成是"臭老九"，"读书无用论"、"知识越多越反动"等谬论甚嚣尘上。受这种社会思潮的影响，加上今后前途和出路虚无渺茫等原因，而且年龄大一些的知青还面临婚恋等现实问题，因此不少知青基本放弃了读书学习。当然，还是有相当一些知青信奉"开卷有益"的古训，把读书学习作为丰富插队生活、充实精神世界、提高自身素养的方式和途径，找各种书籍，利用晚上和农闲时间阅读学习。我在农村两年多，比较感兴趣、也读得比较多的是历史和政治类书籍，包括一些中外历史人物和政治人物的传记，还有一些国内外文学名著。像翦伯赞主编的《中国史纲要》，范文澜、蔡美彪主编的《中国通史》，李新主编的《中国新民主主义革命时期通史》，黎澍撰写的《辛亥革命前后的中国政治》，胡绳撰写的《帝国主义与中国政治》，以及反映德国纳粹历史的《第三帝国的兴亡》、丘吉尔的《第二次世界大战回忆录》等等，就是在插队时读的。恢复高考后，我报考了大学文科，文史、地理和政治基本没花多少工夫都考出了高分，最后被北京师范大学历史系录取。

习近平总书记酷爱读书学习，这是同他接触过的人都熟知的。当年到陕北插队，他只带了两个行李箱，里面装的全是书。陕北七年，他始终坚持苦读深思，经常挑灯夜读到凌晨。关于总书记当年插队时读书学习的情况，你们已经采访了梁家河的不少村民和北京知青，他们是亲历者，讲了很多生动鲜活的所见所闻，《学习时报》都刊发了。看了你们的采访，我感到他插队期间读过的书，无论数量还是涉及的范围，都远远超过了我们。总书记在担任中央党校校长时，明确提出领导干部要爱读书读好书善读书，这个要求他在陕北插队时就做到了。古人说，"腹有诗书气自华"。坚持读书学习，积淀了总书记丰厚的文化素养、知识素养、道德素养和理论素养。这些年，我有幸在不同场合多次聆听习近平总书记讲话，他在讲话中旁征博引，信手拈来，谈笑风生，妙语连珠，充满自信，越听越觉得有味道、有特点、有内容，越听越爱听、越想听。他这种学识，这种修养，这种格局，是他多年磨一剑的结果，梁家河七年的学习积累自然是很重要的。

采访组：刚才您从四个方面，分析了陕北七年在习近平总书记整个成长经历中的重要意义和影响，听后很受启发。您是我们最后一个采访者，在结束这个采访之际，请您最后再总结性讲讲。

何毅亭：中国古代伟大的思想家孟子说过："天将降大任于斯人也，必先苦其心志，劳其筋骨，饿其体肤，空乏其身，行拂乱其所为，所以动心忍性，增益其所不能。"孟子这段话所蕴涵的思想，充满了实践论和辩证法。回过头来观察分析，陕北七年正是习近平总书记

235

"苦其心志，劳其筋骨，饿其体肤，空乏其身"的人生第一站，是他读懂人生、读懂中国、读懂中国共产党的重要起点。在这里，他学到了书本上学不到的东西，收获到一部不著一字却可以受用终生的人生宝典。这些对他以后的成长和进步奠定了坚实基础。

离开梁家河以后，他进入清华大学这个最高学府学习知识、开阔视野。大学出来后又进入高层领导机关工作，进一步提升了眼界、增长了才干。紧接着沉到县里直接当县委书记这样的"一线总指挥"，一直在县、市、省重要领导岗位做实际工作。陕北七年，清华四年，军委机关三年，正定三年，福建十七年，浙江五年，上海近一年，中央高层五年，之后在党的十八大当选党的总书记。从农村大队党支部书记到党的总书记，从普通公民到国家主席，从下层军官到军委主席。从西北到华北，再到东南沿海地区。中国的西部、中部、东部地区都待过，党和国家各个领导层级都干过，农民、大学生、军人、干部都当过。这么丰富的阅历，在这么多重要领导岗位上历练过，有这么长时间的实践积累，所有这些都是干好领导工作的宝贵财富。

最近我看到一个材料评价说：习近平总书记是在浓郁革命氛围中成长起来的我们党的领导人，是在苦难历史和曲折经历中成长起来的我们党的领导人，是在长期革命实践中成长起来的我们党的领导人，是在新的伟大斗争中确立起来的我们党的领导人，是在重大国际斗争中成长起来的我们党的领导人，是在人民群众中成长起来的我们党的领导人。这个评价高屋建瓴、精辟准确，完全符合实际。你们也知道，党的十八届六中全会作出重大政治决定，明确习近平总书记为党中央的核心、全党的核心，正式提出"以习近平同志为核心的党中央"。这一重大政治决定，具有深厚的政治基础、思想基础、群众基础、实践基础，它的重大现实意义和深远历史意义将随着时间的推移和实践的发展进一步显现出来。

《学习时报》用采访实录的形式反映习近平总书记的七年知青岁月，选题很好，形式新颖。你们深入基层一线，同梁家河那些当年与总书记同吃同住同劳动的乡亲和知青面对面对话。受访者讲当年那些真实的故事，娓娓道来，语言生动朴实，内容真实可信，把总书记青少年时期踏踏实实干事业的感人事迹生动展现在读者面前，让人们真切地看到了人民领袖确实来自人民，人民领袖确实是为了人民。我注意到了，你们的采访实录发表后，在读者中引起了强烈共鸣，反响很好，对于干部、群众增强"四个意识"，发挥了正能量。

再往多里说一点，你们这个系列采访实录，对如何更好地宣介我们党的领导人，从内容到形式都是一个创新尝试。对党的领导人的宣介，既需要专题著作和理论文章，也需要根据新形势下广大读者的阅读心理和认可程度，在形式和内容上作一些改进与创新，让读者真正愿意看你的东西，并且在阅读中不知不觉受到教育、受到启发、受到感染。这也就是习近平总书记多次讲到的打造新的话语体系的问题。我觉得你们在这方面所作的探索是有益的。

最后我还想说的是，我们党的领袖人物为党和人民事业奋斗的非凡经历，以及他们的经历所蕴涵的宝贵精神财富，具有不可替代的历史价值、思想价值和精神价值。把他们人生中一段一段的历史真实地记录下来，通过多种形式奉献给读者，奉献给人民，奉献给历史，充分发挥以史鉴今、资政育人的作用，我认为这是一件很有意义、很值得去做的事情！对习近平总书记的非凡经历，你们已经讲了他的知青故事，如果有可能你们把后面的故事接着讲下去。

（原载《学习时报》2017 年 3 月 17 日）

坚定党内政治文化自信的
底气来自哪里

(2017 年 4 月 14 日)

加强党内政治文化建设，是习近平总书记在党的十八届六中全会讲话中提出的新的重要思想。在中央纪委七次全会上，他又对党内政治文化建设作了进一步阐述。围绕学习贯彻习近平总书记重要论述，刘云山同志在今年 3 月 1 日中央党校春季学期开学典礼上以党内政治文化这个题目讲了"开学第一课"，深化了我们党对加强党内政治文化建设的认识。今天，中央党校教研人员、学员和来自兄弟单位的专家学者济济一堂，深入研讨加强党内政治文化建设，这对理论界加强对这一重大思想的研究、对党员领导干部带头弘扬和践行先进的党内政治文化，无疑会起到很好的引领作用。

文化是一种无形的观念，却能深刻影响有形的存在，对一个国家、一个民族、一个政党的生存和发展来说，是更基本、更深层、更持久的力量。马克思主义是吸收世界文明优秀成果的产物。马克思主义政党是占据人类文明制高点的政党。从马克思强调无产阶级政党必须有"自己的精神武器"，到恩格斯强调"一个新的纲领毕竟总是一面公开树立起来的旗帜"，到列宁把加强政治文化建设作为防止俄共沦为旧文化的"被征服者"的重要举措，再到以毛泽东同志为代表的中国共产党人高度重视先进思想文化的武装，可以说加强党内政治文化建设，始终是马克思主义政党保持先进性和纯洁性，增强创造力凝聚力战斗力的根本举措。在新的历史条件下，习近平总书记强调加强党内政治文化建设，强调以良好党内政治文化引领党内政治生活健康发展、促进政治生态持续好转，抓住了关键，抓住了根本，为全面从严治党注入了强大的持久的力量。

习近平总书记指出："我们的党内政治文化，是以马克思主义为指导、以中华优秀传统文化为基础、以革命文化为源头、以社会主义先进文化为主体、充分体现中国共产党党性的文化。"这样的党内政治文化，在历史中生成，在实践中发展，在传承中延续，在战斗中自强，体现了真理性和价值性、民族性和时代性、先进性和战斗性、传承性和开放性的统一。这样的党内政治文化，内生于党的肌体，塑造了一个具有伟大革命精神的马克思主义政党，体现在党内政治生活的方方面面，引领我们党取得了举世瞩目的成就，构成了我们党独特的精神标识。

在中央纪委七次全会上，习近平总书记是在"依靠文化自信坚定理想信念"这样一个标题下、作为深入推进全面从严治党的治本之举来讲党内政治文化的。他在庆祝中国共产党成立95周年大会上讲到："当今世界，要说哪个政党、哪个国家、哪个民族能够自信的话，那中国共产党、中华人民共和国、中华民族是最有理由自信的。"他在这里提出了重要的概念，就是"政党自信"、"国家自信"、"民族自信"，而在我们党的政党自信中，党内政治文化的自信是很重要的方面。为什么这样说呢？我理解，至少有这么三点。

第一，我们的党内政治文化占据了真理和道义的高地，我们的底气和自信来自于真理的力量、道义的力量。习近平总书记在中央纪委三次全会上指出："我们党作为马克思主义执政党，不但要有强大的真理力量，而且要有强大的人格力量。"这段话，是对我们党突出优势的集中概括，也是对党内政治文化鲜明特点的集中概括。

真理的力量来自于我们信仰的主义，来自于我们党的

241

正确理论。马克思主义是党内政治文化的基本遵循，社会主义先进文化是党内政治文化的主体内容。马克思主义以无可辩驳的事实和不容置疑的逻辑揭示了人类社会的发展规律，为人类社会发展、为全人类解放指明了正确方向，也为中国革命、建设、改革提供了行动指南。今天的世界没有偏离马克思、恩格斯所描述的人类社会发展大趋势，马克思主义仍然是我们解释世界和改造世界的伟大认识工具。今天的中国遵循的是马克思主义的基本原理和立场观点方法，中国特色社会主义道路、理论、制度、文化正是马克思主义中国化的伟大成果。中国道路的巨大成功，为马克思主义的科学性，为社会主义先进文化的正确性提供了伟大样本。我们信仰的主义，乃是科学真理；我们开辟的道路，乃是成功样板，这是我们坚定党内政治文化自信的最大理由、最大底气，任何时候都不输理。

道义的力量来自于我们党的优良传统和优良作风，来自于我们党倡导和弘扬的核心价值观。党的优良传统、优良作风和价值追求孕育于革命年代，传承了红色基因；成长于当代，赋予了时代色彩。在长期奋斗实践中，我们党形成了包括红船精神、井冈山精神、长征精神、延安精神、西柏坡精神、大庆精神、"两弹一星"精神等等在内的红色精神谱系，形成了忠诚老实、光明坦荡、公道正派、实事求是、艰苦奋斗、清正廉洁为核心内容的政党价值观，形成了理论联系实际、密切联系群众、批评和自我批评的优良作风，形成了全心全意为人民服务的根本宗旨。这些优良作风、精神追求和核心价值，既传承了中华优秀传统文化的思想精髓，又引领了社会主义先进文化的发展方向；既占领了道德的高地，又弘扬了时代的主旋律，构成了党内政治文化的重要内容。不论过去、现在还是将来，都是我们党应当倍加珍惜的宝贵财富。

第二，我们的党内政治文化将古今中外政治文明的优质基因熔为一炉，我们的底气和自信来自于不忘本来、吸收外来、面向未来的文化气质。党内政治文化自信本质上是一种兼收并蓄、开放包容、吐故纳新的自信。我们党立足时代之潮头，发掘传统政治文明之幽光，熔铸现代西方文明之精华，彰显了大国大党的恢弘气度。

我们党不是历史虚无主义的政党。我们党植根中国大地，从中国历史深处走来，深受中华优秀传统文化的丰厚滋养。中国古代政治文明中蕴含的治国理念、仁政思想、为官传统、德行操守、道德境界、实践精神、担当意识、爱国情怀等优质基因，经过创造性转化和创新性发展，已经成为党内政治文化的有机成分，成为与社会主义先进文化相适应、与中国特色社会主义相协调、与改革开放新时代相契合的珍贵财富。

我们党不是狭隘民族主义的政党。"海纳百川，有容乃大"。西方政治文化对规则意识、法治观念、科学精神、人本思维等的强调，同样为我们的党内政治文化提供了养分。一个成熟自信的马克思主义政党，既有坚守自我的定力，也有自我革新的能力；既有自美其美的勇气，也有美人之美的胸襟；既能正视自身弱点，也敢于吸收别人优长。保持自我的优长与特色，辩证取舍外来文化，将别人的好与自己的好相加，结果一定比别人更好。

我们党不是因循守旧的保守政党。中国改革发展的伟大实践是创新党内政治文化的丰腴沃土。我们党始终跟上时代脚步，保持与时俱进，自觉适应经济社会发展新要求，适应人民群众新期待，适应伟大斗争新特点，为党内政治文化注入新的时代内涵，使党内政治文化始终成为引领时代发展、引领社会风尚的先进文化。

第三，我们的党内政治文化始终保持健康向上的主基调，我们的底气和自信来自于激浊扬清、扶正祛邪、引领风尚的正能量。我们党生活在社会现实中，党内政治生态同社会生态一样，也会受到这样那样的污染；党内政治文化如同社会文化一样，也会受到这样那样的消极影响。现实就是，一个时期以来，在一些地方和部门，由于党的领导弱化、党的建设缺失、管党治党宽松软，由于封建腐朽文化的影响和商品交换原则的侵蚀，党内政治生活随意化、形式化、平淡化、庸俗化现象蔓延，个人主义、分散主义、自由主义、好人主义盛行，系统性、塌方式、家族式腐败不时出现。这种状况，对党的形象造成很大损害。

党的十八大以来，以习近平同志为核心的党中央高度重视发挥党内政治文化的引领作用，把筑牢信仰之基、补足精神之"钙"作为首要任务，把坚定正确的政治立场、政治方向、政治定力作为根本要求，坚持标本兼治、综合施策，激浊扬清、扶正祛邪，推动管党治党取得重大成就，党风政风和社会风气呈现新气象。实践证明，我们的党内政治文化主基调是健康向上的。党内政治生活能不能保持积极健康，党内政治生态能不能保持风清气正，关键在于能不能保持和发扬我们党先进的党内政治文化。

70多年前，爱国华侨领袖陈嘉庚在比较了国民党的奢靡政治文化与共产党的清廉政治文化之后，发自肺腑地说："中国的希望在延安"。今天，在以习近平同志为核心的党中央坚强领导下，我们的党内政治文化日益纯净，中国正阔步行走在重返世界之巅的道路上，中国时代的决定性开启将是不可阻挡的大潮流。我们完全有理由相信，世界的希望在东方，东方的希望在中国，中国的希望在中国共产党。

（在"中国马克思主义论坛 2017"上的开题演讲，
原载《学习时报》2017 年 4 月 17 日）

坚持马克思主义在哲学社会
科学领域指导地位

（2017 年 5 月 17 日）

　　习近平总书记在哲学社会科学工作座谈会上的讲话发表一年来，我国哲学社会科学领域发生了可喜变化，广大哲学社会科学工作者意气风发，形成了着力构建中国特色哲学社会科学的浓厚氛围。一个很重要的方面，就是马克思主义在哲学社会科学领域指导地位不断巩固，哲学社会科学工作者坚持以马克思主义为指导的自觉性不断提高。实践证明，马克思主义是我国哲学社会科学之魂，坚持以马克思主义为指导是当代中国哲学社会科学区别于其他哲学社会科学的根本标志，繁荣发展中国特色哲学社会科学必须毫不动摇坚持马克思主义指导地位。

坚持马克思主义指导地位，
就要在坚定理论自觉、真懂真信
马克思主义上毫不动摇

哲学社会科学坚持以马克思主义为指导，是近代以来我国发展历程赋予的规定性和必然性。近代以来的历史和现实表明，什么时候我们马克思主义指导地位坚持得好，哲学社会科学乃至整个中国社会就发展得好；什么时候我们放松了对马克思主义指导地位的坚持，哲学社会科学乃至整个中国社会发展就会走入误区，遭受挫折。

哲学社会科学坚持以马克思主义为指导的这种规定性和必然性，来自马克思主义的理论品格与实践品格。马克思主义以无可辩驳的事实和不容置疑的逻辑揭示了人类社会发展的普遍规律。像关于世界的物质性及其发展规律、人类社会及其发展规律、认识的本质及其发展规律等原理，为我们研究把握哲学社会科学各个学科各个领域提供了基本的世界观和方法论。只有真正弄懂了马克思主义，才能在揭示共产党执政规律、社会主义建设规律、人类社会发展规律上不断有所发现、有所创造，才能更好识别各种唯心主义观点，更好抵御各种历史虚无主义谬论。

248

真懂真信马克思主义，不是抽象的，而是实在的。不一定甚至不必"言必称马"，但一定是行必依、事必用马克思主义立场观点方法。哲学社会科学学科门类很多，每个学科都有自己的基本概念、研究范式、分析框架、特殊方法，但马克思主义的基本观点和基本方法在哲学社会科学研究中总是普遍管用、长期管用、根本管用的。比如，唯物论与一切从实际出发的原则、实践论与实践标准、生产力最终决定论与生产力标准、人民主体论与人民利益标准、辩证法与辩证分析方法、矛盾论与矛盾分析方法、系统论与系统分析方法、价值论和价值评价方法、历史观与历史主义方法，等等。这些都是我们从事哲学社会科学研究不应该背离也不能背离的。我们必须有这样的理论自觉和理论坚定。

坚持马克思主义指导地位，就要在坚定政治立场、牢固树立以人民为中心的研究导向上毫不动摇

为什么人的问题是哲学社会科学研究的根本性、原则性问题。世界上没有纯而又纯的哲学社会科学。不论哲学社会科学工作者是否有这样的意识，他选择的研究主题，

选取的研究材料，依赖的研究路径，使用的研究方法，形成的研究成果，可以说一定程度上都反映了研究者本人的政治立场、意识形态和价值判断。换句话说，哲学社会科学研究一开始，就既定了价值立场，就预设了价值前提，不可能有所谓"价值中立"与"价值超然"。

我国是人民当家作主的社会主义国家，哲学社会科学承载着为时代立言、为人民立命的使命，承载着上层建筑的功能，承载着坚持和发展中国特色社会主义的职责，毫无疑问应当为社会主义服务、为人民服务。坚持人民立场，代表人民利益，为人民做学问，是我国哲学社会科学的特色所在、使命所在、价值所在、生命所在。

立场问题从来不是虚幻的，而是实实在在存在着的。不同性质的社会有不同的立场倾向。在资本主义社会，资本逻辑是社会的主导逻辑，权力受命于资本、受制于资本、也服务于资本，这就决定了资产阶级学者总体上代表的是"资本"的利益。在中国，"人民"是真正的主人，代表人民利益是中国特色哲学社会科学的最高利益所在，为人民著书立说是我国哲学社会科学工作者的崇高使命所系。在少数人和多数人的利益拉锯中，在"资本"和"人民"的利益博弈中，我国哲学社会科学工作者应该有自己的坚守和定力，自觉选择站在最大多数人一边，为人民做学问、替人民发声，做人民利益的忠实代言人。坚持这一条，就在根本上坚持了马克思主义；背离这一条，就在根本上背离了马克思主义。

因此，坚持人民是历史创造者的观点，树立为人民做学问的理想，尊重人民主体地位，聚焦人民实践创造，自觉把个人学术追求同国家和民族发展紧紧联系在一起，努力多出经得起实践、人民、历史检验的研究成果，既是当今时代对我国哲学社会科学工作者的崇高要求，也是在当代中国毫不动摇坚持马克思主义在哲学社会科学领域指导地位的具体体现。

坚持马克思主义指导地位，就要在运用科学的思维方法、掌握"伟大的认识工具"上毫不动摇

对于哲学社会科学各学科来说，究竟怎么用马克思主义才是真用呢？最重要的，就是将马克思主义的精髓和活的灵魂，也就是马克思主义基本原理及贯穿其中的立场观点方法，内化为学养、外化为研究方法，转化为"伟大的认识工具"。恩格斯早就说过："马克思的整个世界观不是教义，而是方法。它提供的不是现成的教条，而是进

一步研究的出发点和供这种研究使用的方法。"马克思主义不可能取代任何一门具体的哲学社会科学，也不可能为任何一门社会科学的研究提供具体的学术结论。不能以实用主义态度对待马克思主义，不能因为出现了马克思主义经典作家没有讲过的东西，就认为马克思主义不管用了；也不能以教条主义态度对待马克思主义，不能因为马克思主义经典作家没有说过就不能说、不敢说。

马克思主义在哲学社会科学研究各个环节、各个阶段都有用武之地。在"研究什么"上，关键是做到从问题出发，坚持问题意识和问题导向，坚持实事求是的思想路线。问题是时代的先声，是理论的生长点。中国特色哲学社会科学，就要研究中国发展和中国共产党执政面临的重大理论和实践问题，更好揭示中国社会发展、人类社会发展的大逻辑大趋势，提出解决问题的正确思路和有效办法。在"怎么研究"上，关键是做到坚持科学的思维方法论，既包括马克思主义立场观点方法，也包括具体的社会科学方法论。要吸收借鉴西方社会科学研究的有益方法，但不能食洋不化。方法决定看法，方法不一样，看法就不一样，结论也不一样。要看到，在历史学研究中，不坚持历史唯物主义，只强调历史细节、历史情节，就不可能真正对历史进行科学研究；在新闻学研究中，不坚持马克思主义的新闻观，就不可能真正建立科学的社会主义新闻传播学；在政治学研究中，不坚持马克思主义的政治观，就很难建立科学的社会主义政治学。在"评价研究得怎么样"上，关键是坚持科学的真理标准即马克思主义的实践标准，拿事实说话。

坚持马克思主义指导地位，就要在立足中国实际、回答时代问题、推进理论创新上毫不动摇

当代中国正经历着我国历史上最为广泛而深刻的社会变革，也正在进行着人类历史上最为宏大而独特的实践创新。这种前无古人的伟大实践，不是简单延续我国历史文化的母版，不是简单套用马克思主义经典作家设想的模板，不是其他国家社会主义实践的再版，也不是国外现代化发展的翻版，没有也不可能找到现成的教科书。因此，对于当代中国哲学社会科学研究来说，必然的选择就是以我们正在做的事情为中心，从我国改革发展的实践中挖掘新材料、发现新问题、提出新观点、构建新理论。

比如，如何在经济基础发生深刻变化，人们思想活动的独立性、选择性、多变性、差异性明显增加的新形势

下，通过卓有成效的方式夯实马克思主义在意识形态领域的指导地位，培育和践行社会主义核心价值观，巩固全党全国各族人民团结奋斗的共同思想基础，需要理论创新。如何在我国经济发展进入新常态、国际发展环境深刻变化的新形势下，贯彻落实新发展理念、加快转变经济发展方式、提高发展质量和效益，进而更好保障和改善民生、促进社会公平正义，需要理论创新。如何在改革进入攻坚期和深水区、各种深层次矛盾和问题不断呈现、各类风险和挑战不断增多的新形势下，切实提高改革决策水平、推进国家治理体系和治理能力现代化，需要理论创新。如何在我们党面临"四大考验"、"四种危险"、全面从严治党进入重要阶段的新形势下，不断提高党的领导水平和执政水平、增强拒腐防变和抵御风险能力，使党始终成为中国特色社会主义事业坚强领导核心，需要理论创新，等等。

改革开放近四十年来，正是我们坚持理论创新，正确回答了什么是社会主义、怎样建设社会主义，建设什么样的党、怎样建设党，实现什么样的发展、怎样发展等重大课题，不断根据新的实践推出新的理论，才形成了一系列具有原创性、时代性的概念和理论，进而形成了当代中国的马克思主义，极大推进和丰富了 21 世纪马克思主义。实践是发展着的，新情况新问题是不断涌现的，立足中国实际，回答时代问题，哲学社会科学才能实现自身价值。当代中国哲学社会科学发展的理论逻辑与实践逻辑都表明，如果不能及时研究、提出、运用新思想、新理念、新办法，理论就会苍白无力，哲学社会科学就会"肌无力"，坚持马克思主义指导地位也就会成为一句空话。

坚持马克思主义指导地位，就要在坚定文化自信、推动中华文化创造性转化和创新性发展上毫不动摇

习近平总书记指出："一个抛弃了或者背叛了自己历史文化的民族，不仅不可能发展起来，而且很可能上演一场历史悲剧。"不忘本来才能开辟未来，善于继承才能更好创新。在哲学社会科学领域坚持马克思主义指导地位，不是、不能也不会割断中华历史文化传统，而恰恰是要更好地把历史文化传统发扬光大，在发扬光大中华优秀传统文化中，发扬光大当代中国哲学社会科学。

中华文化积淀着中华民族最深沉的精神追求，包含着中华民族最根本的精神基因，代表着中华民族独特的精神标识，是中华民族生生不息、发展壮大的丰厚滋养。中华传统文化是我们民族的"根"和"魂"，如果抛弃传统、

丢掉根本，就等于割断了自己的精神命脉。坚持马克思主义指导地位，就是要坚持马克思主义方法，坚持马克思主义态度，对中华优秀传统文化进行创造性转换和创新性发展。

我们要按照时代特点和要求，对那些至今仍有借鉴价值的内涵和陈旧的表现形式加以改造，赋予其新的时代内涵和现代表达形式，以激活其生命力；我们要按照时代的新进步新进展，对中华优秀传统文化的内涵加以补充、拓展、完善，以增强其影响力和感召力。当代中国社会依然是一个努力追求讲仁爱、重民本、守诚信、崇正义、尚和合、求大同的社会。同时我们一定要看到今日中国社会的"仁爱"与当年封建社会形态下的"仁爱"有本质不同；今日中国社会的"民本"是社会主义社会形态下的"民本"，而不是封建皇帝头脑中的"民本"；今日中国社会的"大同"追求是立足于"每个人的自由发展是一切人自由发展的前提"，而不是小国寡民、老死不相往来的互不干涉。所以，在不割断血脉、不丢失基因的同时，我们一定要坚持与时俱进、推陈出新，使中华民族最基本的文化基因与当代文化相适应、与现代社会相协调，把跨越时空、超越国界、富有永恒魅力、具有当代价值的文化精神弘扬起来。

接续中华文化之脉、中华文明之脉，直接出发点当然是解决当代中国的问题、解决中华民族发展的问题。而解决好民族性问题，就有更强能力去解决世界性问题；把中国实践总结好，就有更强能力为解决世界性问题提供思路和办法。在这方面，中华文化确实可以"跨越时空、超越国界"，"富有永恒魅力、具有当代价值"。当今天的世界面对越来越严峻的环境问题时，"天人合一"为人类修复自己的家园送上一剂良药；当今天的世界因为各种各样的利益纠纷与冲突擦枪走火的时候，"和而不同"恐怕是实现各得其所的唯一选择；当人类社会越来越沉湎于社会发展方式"唯一解"的时候，"生生不息"告诉世界还有别样的可能性、别样的精彩。汲取传统智慧的当代中国哲学社会科学，一定会再次塑造出"为人类文明作贡献的中国"。

一年来，中央党校深入贯彻落实习近平总书记哲学社会科学工作座谈会讲话精神，在党校教学科研和各项工作中毫不动摇地坚持马克思主义指导地位。我们坚持姓"马"姓"共"，在课堂、讲坛、论坛上旗帜鲜明讲马克思主义、讲共产主义、讲中国特色社会主义，坚决反对和抵制各种错误思潮；在学科建设上唯"马"是瞻、向"党"靠拢，重点发展马克思主义理论、马克思主义哲学、马克思主义政治经济学、科学社会主义、中共党史和党的建设等"马"字号和"党"字号学科，不断壮大马克思主义学科群；在人才培养上多措并举、突出重点，着力突出国民教育研究生培养的党校特色，办好全国哲学社会科学教学科研骨干理论研修班，实施"马克思主义理论骨干人才培养计划"，努力把中央党校打造成为名副其实的马克思主义理论人才培养高地和输送基地。下一步，我们还要下大气力抓好相关工作。

（在构建中国特色哲学社会科学工作座谈会上的
发言，原载《学习时报》2017 年 5 月 22 日）

二十一世纪是中国话语复兴的世纪

（2017 年 5 月 29 日）

　　话语权，是国之重器。大国复兴，话语不能缺席。

　　强大话语往往背靠强大国家。古往今来，中心国家的话语在每一时代都是世界上占主导地位的话语，综合国力强大的国家在每一时代都是占据世界舞台中心的国家。历史上，中国曾经长期雄踞世界之巅的位置，时间长达一千多年。从汉唐盛世直至康乾盛世，中国的农耕文明历经千年进化，达到辉煌的极致。因此，中国古典话语，以其璀璨的内涵、深沉的智慧、优雅的姿势，辐射四方。近则泽被四邻，新罗和高丽、日本、琉球、越南及东南亚诸国，世受华风濡染；远则播及世界，在中亚、西亚、欧洲、非洲等遥远的地方，引起一阵阵文化激荡。中华古典话语从古至今未曾断裂，"中华文化圈"成为与西方基督教文化圈、阿拉伯伊斯兰教文化圈、印度婆罗门教文化圈交相辉映的世界四大文化圈之一，备受景仰。

话语衰落往往源于国家衰落。近代以来，由于技术进步和生产力发展引发的社会制度形态变迁，建立在农业文明基础上的封建制度不可避免地被以工业文明为基础的资本主义制度所侵蚀、所取代、所超越。体现在国力竞争与国家地位上，从鸦片战争开始，在西方列强坚船利炮轰击下，中国逐步陷入半殖民地半封建社会的黑暗深渊，中华民族不仅因为落后而挨打，也因为落后而失语进而挨骂。而与之同时，西方话语上升为世界的主导话语，以其强势占领了文化高地，掌握了话语内容的定义权、话语议题的设置权、话语争议的裁判权。西方或以布道师身份出场，将地域性话语上升为普及性话语，谋求殖民于世界；或以裁判者面貌出现，以西方是非为标准，对其他国家的话语、行为乃至世界观、价值观品头论足、说三道四。伴随着西方话语汹涌而至，中华古典话语被迫挤入历史暗角，失去了本来的荣光。

话语复兴寄希望于民族复兴，话语复兴也始于民族复兴。中华人民共和国的成立，是开天辟地的历史大事件，是中华民族走向复兴的一个历史性伟大开端，也是中国话语在 20 世纪中叶走向世界的开始。像关于"三个世界"的划分，关于和平共处五项原则等等，就是当年中国话语对世界的贡献。

68年，弹指一挥间。今日之中国，前所未有地靠近世界舞台中心，前所未有地接近实现中华民族伟大复兴的目标，前所未有地具有实现这个目标的能力和信心。中国在时隔几个世纪之后，终于站在了民族复兴的门槛上；中国重回世界之巅，已然成为21世纪最为确定的历史大趋势。现在的中国，"物质上的强大"正在成为现实，但这绝不是中华民族孜孜以求的全部梦想，中国绝不能成为一个物质发达而精神贫困的"跛脚大国"。习近平总书记指出："实现我们的发展目标，不仅要在物质上强大起来，而且要在精神上强大起来"。一个政治经济强大的中国必然是精神文化同样甚至更加强大的中国。

近年来，随着中华民族大踏步走向复兴，中国在国际上的经济话语权和制度性话语权得到了大幅提升，开始与国力相匹配并相互促进。在APEC峰会、G20峰会、达沃斯论坛、"一带一路"国际合作高峰论坛上，中国举动牵动世界目光，低迷的全球经济、失调的全球治理无不期盼中国方案。中国没有让世界失望，而是交出了亮丽答卷。如今的中国，不仅事实上成为21世纪经济全球化的捍卫者、推动者、引领者，更在世界观和价值观的层面上重构了21世纪经济全球化的新形态，让世界重新理解全球化、重新拥抱全球化。当联合国、世界贸易组织、国际货币基金组织、世界银行、上海合作组织、金砖国家机制以及其他相关国际组织，无不期待听到中国声音时，中国亦大度分享自己的智慧。从人类命运共同体到文明多样性，从合作共赢到包容互鉴，中国为世界描绘出一幅充满希望的新图景。

当然我们也有短板。在"西强我弱"的总体格局没有根本改变的背景下，我们在国际上的"声音还比较小，还处于有理说不出、说了传不开的境地"。但我们的短板不在于文化和价值观的层面，而在于对文化价值观的自觉与自信相对不足方面，在于我们把传统话语进行创造性转换与创新性发展相对滞后方面，在于对打破西方话语垄断准备不足等方面。

比如，在近代西方资本主义社会开疆拓土阶段，当然会对中华优秀传统文化中讲仁爱、重民本、守诚信、崇正义、尚和合、求大同的价值不屑一顾，甚至我们自己一度也对自己的文化文明产生怀疑。但是当今天的世界面对越来越严峻的环境问题时，"天人合一"为人类修复自己的家园送上一剂良药；当今天的世界因为各种各样的利益纠纷与冲突而你死我活、战火纷飞时，"和而不同"恐怕是实现各得其所的唯一选择。所以，不是我们的文化价值观不好，不是我们的文化价值观已经过时，而是我们没有发掘出中华民族最基本的文化基因中与当代文化相适应、与现代社会相协调的那种跨越时空、超越国度、富有永恒魅力的宝藏，没有把它用现代社会能接受、能理解、能认同的话语表达讲清楚说明白。

同时，由于意识形态差异，由于欧美自以为是地秉持西方中心论立场，必然不可能对非西方发展道路、非西方文化价值观抱有同情的理解和善意的认同。所以，尽管我们通过走自己的路取得了超越西方的发展奇迹，这一点西方社会已无法否认，也不再闭起眼睛简单否认，但中西社会之间在制度模式和文化价值观念上的话语鸿沟仍然非常大。我们不能指望让西方人来客观描绘中国，也不能指望用西方话语来准确阐述中国。曾经一段时间，我们在这方面是有比较惨痛教训的。明明社会主义市场经济创造了发展奇迹，可是由于西方理论不能有效解释，被一些人扣上"不合格"的帽子；明明中国民主政治发展之路让中国人民当家做了主人，可是由于与西方民主形式不一致，同样被一些人视为"专制"；等等。亡羊补牢，犹未为晚。通过构建中国学派来解读中国实践、彰显中国价值，是中国话语复兴的基础性工作。

习近平总书记高度重视话语体系建设，多次强调要

"讲好中国故事，传播好中国声音"。做好这项工作，关键是要以我们正在做的事情为中心，从我国改革发展的实践中挖掘新材料、发现新问题、提出新观点、构建新理论。这样宏大的事业，靠少数几个人的努力显然是不够的，靠一两个学科单兵突进也是不可能的，需要广大哲学社会科学工作者勠力同心，需要哲学社会科学的各个学科协同共进，聚集起磅礴的伟力，形成导向明确的态势。

21 世纪是中华民族复兴的世纪，也是中国话语复兴的世纪。我们之所以有这个信心和底气，是因为中国的成功实践已经提供了丰厚的土壤，中国道路不仅很好地解决了中国发展的问题，而且为解决世界性问题提出了很好的思路和办法；中国学术共同体已经形成了建构中国话语体系的集体自觉，中国特色、中国风格、中国气派成为了话语建设的着力点，不再唯西方马首是瞻，不再奉西方话语为圭臬。再就是国际社会前所未有地期待来自中国的声音，愿意下功夫通过掌握中国概念来理解中国逻辑，不再简单地套用西方概念来比附。从去年以来，包括联合国在内的一些国际组织把"人类命运共同体"写入他们的会议文件，传递出的正是这样一种信号。

我们之所以对中国话语在 21 世纪复兴充满信心、很有底气，还因为习近平总书记系列重要讲话和治国理政新理念新思想新战略本身就包含了一整套既具有中国鲜明特色、又具有普遍指导意义的新概念新话语新表述。像习近平总书记提出的包括"中国梦"、"一带一路"、"共同价值"、"人类命运共同体"、"合作共赢为核心的新型国际关系"等标识性概念，事实上已经成为国际话语场的核心议题和基本共识。

这里最重要的，是因为中华民族的复兴有以习近平同志为核心的党中央坚强领导，中国话语的复兴有习近平总书记系列重要讲话和治国理政新理念新思想新战略的指引。党的十八大以来，以习近平同志为核心的党中央团结带领全党全国各族人民，继往开来、励精图治、举旗定向、谋篇布局、攻坚克难、强基固本，开辟了治国理政新境界，开创了党和国家事业发展新局面，极大地鼓舞了党心军心民心。如今，民族复兴的路线图已经绘就，中华民族已经阔步行进在通往复兴的康庄大道上，中国话语复兴自然有了坚实的基础。

展望整个 21 世纪，世界上最成功的样本毫无疑问是中国，最精彩的景观毫无疑问在中国，解释这个样本的中国话语毫无疑问就是最引人瞩目的全球话语。我们有理由相信，在不太远的将来，中国的发展优势、制度优势、治理优势终将转化为国际舞台上的话语优势。国际话语的中国时代计日可期。

中国是行动的巨人，也终将成为话语的强者。

（原载《学习时报》2017 年 5 月 29 日）